必ずものになる

話すための英文法

超 入門編
（上巻）

市橋 敬三

研究社

はしがき

　英会話教育の世界では英会話を最も効果的にマスターするには英文法を忘れることであるという「英文法悪玉論」が席巻している。

　筆者は長年英会話を教えながら英会話マスターの最短距離を追求してきた。筆者がたどりついた結論は今流布している英文法悪玉論とはまったく正反対の「英文法善玉論」なのである。つまり英会話習得の最速方法は英文法をしっかり学習すること、そこから始まるということである。ここでお断りしておくことは、今学校で教えられている英文法ではなく、英語の思考回路を身につける英文法、日本語の発想から脱出するための英文法、英語の発想をがっちりと築くための英文法なのである。

　英会話習得は「英文法を忘れることから始まる」ということを言っている人たちはネイティヴ講師を客寄せにしている英会話学校、CD教材販売会社である。彼らは英会話マスターに真剣に取り組んでいないのである。また利益追求組織（これ自体は悪くはないが）なので学習者ウケするように、英会話には英文法は不要どころか有害論まで声高に言っているのである。学習者はだれでも楽な学習法を望むので努力がいらないうたい文句を言われると飛びついてしまう。

　英文法は家で言えば土台、柱である。この土台、柱をおろそかにして英会話が習得できるはずはない。問題なのは英文法の学習方法なのである。

英語の思考回路を身につける英文法とは何か

　数学をやるのに小学校で習う九九は不可欠である。九九を暗記していなければ9を9回足さなければならない。しかし9を9回足したりすると時間もかかり、足し間違えることもある。九九は数学の基礎である。英文法の全項目の例文は算数の九九に相当する。したがって暗記が不可欠なのである。暗記していないと、いろいろ考えて文を組み立てなければならない。しかし、こんなことをしていたら時間もかかり、組み立てる際にミス

を犯す。

　英文法の例文を暗記すると、英語の構造、発想が身につき、一度完全にやると一生忘れないものである。皆さんの中に九九を復習した人はいないであろう。かように暗記は長持ちするのである。英語も同じで、暗記しておけばいざ英語を話さなければならないときに、頭に日本語ではなく英語で文が浮かんでくるようになるのだ。

　ただ、ここでひとつ注意したいことは、暗記そのものを最終目的視しないことで、暗記した文を使い、見るもの、聞くものを英語で考え、自問自答したり、友人と英語で話したりして使おうとしてみることである。暗記した例文をそっくりそのままは使えなくとも、しっかり暗記してあれば、暗記してある文の一部を自分が言いたいことと置き換えて自分の意思表示をする応用能力が養われるからである。

　ここで筆者が述べてきた「英文法善玉論」の不可欠性を裏づける証明を4つ紹介しよう。

話すための英文法を学習する必要性を証明する生きた実例（1）

■**米人家庭で働いている日本人のメイドさんで英語が下手な人が多い**

　筆者は以前通訳をしていたとき、在日米人の家を訪ねる機会がよくあった。そこで働いていた多くの日本人のメイドさんの例を紹介しよう。

　筆者がそういう米人家庭のいくつかに行くといつも「このことはどう言えばいいのですか」とメイドさんたちに英語に関する質問攻めにあった。質問されるたびに、24時間英語の世界にいるという事実にもかかわらず、そういうメイドさんたちの英語力の低さに驚き、行く先々のメイドさんたちに、いったい何年くらい働いているのかと聞いて、その長さに再度驚いた経験がある。彼女たちは10年、15年も毎日24時間英語の世界にいる。しかし、英語力はというと、きわめて低かったのである。これは英語の基礎力がない人が、ただ英語の世界に住んでも、英語は進歩しないことを証明する生きた実例のひとつなのである。

生きた実例（2）

■アメリカ人と結婚して 30 年になる日本人でも英語の下手な人が多い

　筆者はアメリカにいたときに、アメリカ人と結婚している多くの日本人の男性、女性と知り合う機会があった。彼ら、彼女たちは英語が上手な人たちと下手な人たちの 2 つに分類できる。英語が上手な人たちは日本の大学を卒業してアメリカの大学院へ留学した人たちである。したがって渡米する前に TOEFL のテストで合格点を取って留学した英語エリートの人たちなのである。こういう人たちと電話で話すと、一瞬アメリカ人と話しているのか、という錯覚を覚えたくらいであった。

　数の上では、下手な人たちのほうが 90% という感じであった。アメリカ人と 30 年も結婚していても、英字新聞の三面記事でさえきちんと読めない人がほとんどなのである。テレビとなるとなおさら分からないと異口同音に言っていた。こういう人は日常会話もきちんとした英語ではなく、いわゆる一般に言うブロークンイングリッシュなのである。30 年もアメリカ人と結婚していて日常会話すら下手な理由は、アメリカ人と結婚したときに英語の土台、すなわち英語の構造を作っている英文法をきちんとマスターしていなかったからである。

　これは英文法をマスターせずにアメリカに 30 年間住んでも、その上アメリカ人と結婚していても、英語力は伸びないことをはっきりと教えてくれている、生きた 2 つ目の実例である。

生きた実例（3）

■開校 1 ヵ月で受講生の 3 分の 2 を脱落させてしまった筆者の失敗

　筆者は約 30 年前に英会話学校を創立した。学校が駅に近かったためか、募集開始 1 ヵ月で約 600 人が入学したのである。入学者 100 名くらいを予想していたので英会話への関心の高さに驚いた次第であった。

　レッスンは英米人が主に担当した。筆者も含めて日本人講師も担当したが、全員日本語を使わず、英語だけで指導したのである。開講した第 1 回目のレッスンの日はどのクラスも満員（25 名）であった。ところが 2 回、3 回とレッスンを重ねるうちに欠席者が目立ち、1 ヵ月もしないうちに何と

3分の1に激減してしまったのである。原因を調べてみたところ、受講生の基礎力不足で、英語だけのレッスンがチンプンカンプンでついていけないということだったのである。

筆者自身、日本で生まれ英語の基礎は日本で勉強したので、英会話学校を創立したときには、学生時代に味わった英語の難しい点は自分なりに覚えていたつもりであったが、忘れてしまっていたのである。

英会話というと学校側も学生側も、英米人が指導することを当然視している。しかし、この姿勢に問題がある。英米人からのみの授業を受けて進歩できる人は少なくとも英文法をよく知っているだけでなく、英文法を使いこなせる人なのである。これ以下のレベルの人でも "How old are you?" とか "Where do you live?" というような簡単な英語を話して楽しめるだろうが、こういう質問は1ヵ月もしないうちにタネがつきてしまうということが分かった、貴重な経験であった。1ヵ月もしないうちに、受講生が激減した事態に直面して、自分自身の英語基礎固めの過程を振り返ってみたのである。

生きた実例（4）

約30年前に英会話学校を創立し600名入学した学生の3分の2を、1ヵ月もしないうちに脱落させてしまった経験から基礎固めの重要性を学んだのであった。

英米人からのレッスンを受ける前に、基礎力を充実させなければならないことを知った筆者は書店へ行き、テキストを探してみたが見つからず、この種の本は現在もない。このテキスト不在が、現在でもなお多くの英会話の学生が英会話を習得できなくて、投げ出してしまう理由なのである。

■中途退学者ゼロになった教授法の開発に成功

文型練習と題した本が何冊か出版されているが、これらは文法の一部を扱っているか、look like, look forward to のような表現練習のための本である。筆者が考えていた文法の全項目を使えるようにすることを意図した本は不思議なことに、そのときも、今もない。そこで自分で作ることに決めたのである。しかしテキストを作るということは、大変な仕事であっ

た。入門〜中級まで難易度を考えて70冊の本を完成させた。ページの左側に日本語訳を書かせ、それを見たとたん、日本語訳に相当する英語が出てくるまで、各文を音読させ、その音読した例文を使えるように、英米人講師による授業を並行して受講できるようなカリキュラムを組んでみた。受講生自身、進歩を肌で感じられたのであろう。それは何よりも中途退学者がゼロになったことによく反映され、筆者が唱えている文法の例文音読重視の正しさが証明されたことになり、非常にうれしくもあり、自信も得た貴重な経験であった。

　以後使っては改訂し、使っては改訂を続け、少しでも無駄のない効果的な英会話指導法を追求して、この効果的な教授法により短期間で英語を話せる多数の英会話生を輩出してきている。これを「ボストンアカデミー方式」と呼び、今日に至っている。

■ボストンアカデミー方式は進歩が速い

　使っているうちにひとつ大変うれしいことに気がついた。それは筆者が学生時代にいろいろな本で例文を片っぱしから音読することにより、英文法の全項目を使えるようにするために費やした時間よりも、筆者が書いた本で勉強した受講生のほうがずっと短期間で無駄な骨折りをせずに文法の全項目を英米人との会話で、自由自在に駆使できるようになったということである。ここでボストンアカデミー方式が他の方法よりどんなに勝っているかを、一例紹介しよう。

　中学1年レベルからつまずいている人たちがボストンで2、3回レッスンを受けただけで、英語に対する気持ちに大変化が起きるのである。彼らは「英語はすごく難しいと思っていた。しかし今は面白く、自分もやればできるのではないかという気持ちでうれしくてしょうがない」、また「これならやれる」といううれしさを越えた興奮の気持ちが受講生の顔に出てくる。

　20回くらい受講すると「英語嫌いだったのが嘘のようです」とか「英語好きに大変身しました」と筆者に言ってくる。また英語は教授法や教材次第で学生時代あんなに難しく思えた英語が信じられないくらいやさしい、やさしいから分かりやすい、分かりやすいから面白くなった、という主旨のことを異口同音に言う。

受講する回数が増えるにつれて「先生、最近英語で夢を見るようになりました」、「今まで話したいことを日本語でまず考え、それを英語に直していた状態から脱出し、外人と話すときに日本語を考えることなしに英語が出てくるようになりました」などと言ってボストンアカデミー方式のよさと、進歩の速度に興奮してくる人が続出してくる。

　筆者はこのようなことを受講生から聞くといつも言葉では言い尽くせない喜び、また効果的英語の学習法を追求してきたことが無駄でなかったことを思い、同時に社会に貢献している喜びにひたり、生き甲斐を感じさせられる。

　日本全国どこへ行っても英語の学習者の約98％が筆者の目には落伍者である。今、日本の英語教育の世界ではこの原因は「英文法重視の学習にあり」と英文法悪玉論が跋扈しているが、本当は読解のための英文法、知識としての英文法学習が行われていることに原因があるのだ。英語の教師・学校、英語のテキスト・CD教材、つまり英語を指導する側に使うための英文法、話すための英文法の視点がないために英語学習者に英語を不必要に難しくさせている。

　ボストンは受講生に無駄なく短期間で上達させるため、レベル判定テストを新入生に受けさせる。病院は患者の治療をする前に、レントゲンをはじめ、いくつもの検査をして原因をつきとめ治療を始める。ボストンも同様につまずいている所をテストで徹底的に調べるのだ。このテストをすると全員、中学英語、それも中学1年英語にミスがある。この原因は中学の教科書にあると筆者は断言したい。中学の英語の教科書を執筆している諸先生方が学習者のウィークポイントに精通していないため、レベルアップする展開が適切でないのだ。このことが英語を不必要に難しくしていることを再度申し上げる。

　学習者は英語が苦手なのは自分に能力がないからだと思っている人が多い。しかし筆者の目には間違った英語の教授法、レベルを一歩一歩上がらないで飛び越えて進む教科書、教材、英会話学校、教師に原因があるように映る。換言すると英語のプロが学習者を犠牲者にしているのだ。

　前ページで紹介したボストンアカデミー方式による高速の進歩は以上のことをはっきり裏書きしていることになる。そこでこの効果的なボストンアカデミー方式をボストンへ通ってくることができない全国津々浦々の英

会話習得希望者に広めることが筆者の使命のように思われ、1984年本書の初版を世に送り出した。英会話上達の秘訣は「英文法を知っているではなく、使い切れるようにすることにある」と英会話にとって英文法の不可欠性を英会話教育史上初めて唱えた。このため『話すための英文法』シリーズ4冊(研究社)は20年間ベストセラーとなって今日に至っている。

　ファンの人たちに長年愛読され、また多くの著名な方々のご著書でお褒めいただいてきたが、20年間のうちに社会、政治情勢が大きく変わり、初版の中に登場している人物や事柄が読者になじみがなくなってきたので、ここに改訂版にして世に送り出すことにした次第である。なお本書のこの改訂版は初版と比べて内容が大きく、大きく、大きく充実したと確信している。

　充実した内容で改訂版を世に出すことができたのは、編集部の吉田尚志氏が、編集者として本当の意味でのプロであり、編集者としてあるべき姿で筆者と一緒に仕事をしてくれたからである。また吉田氏は筆者に執筆意欲が出るように、ここで言葉では書き尽くせないご配慮をしていただいた。本書が初版よりさらに上の超ベストセラーになったとすれば吉田氏のお陰であると心から思っている。ここで衷心より感謝申し上げたい。

市橋敬三

本書の特色

●英語について
本書の英語はすべてアメリカ英語を土台にしている。したがって、「非常によく使われている」「使われていない」などの使用頻度に関する記述は、アメリカ英語が基準であることに注意されたい。

●省略形について
本書では be 動詞の省略形を用いて表記した。

　〈例〉 Dad's taking a shower. (is → 's)
　　　　What number're you calling? (are → 're)

通常は主語が人称代名詞でないときはこうした省略形では書かないが、本書では話し言葉の実際の姿を紹介するためにあえて省略形を用いている。

●カタカナ発音について
本書の例文には音読の便を考え、すべて「カタカナ発音」を付けた。しかし、本物の英語の発音をカタカナで正確に表わすのは不可能である。また、b と v、r と l、s と th などの区別や日本語とは異なる英語の母音・子音を複雑なカタカナ表記法を用いて表わすのはかえって混乱のもとになると考え、あえて「シンプルな表記法」で示した。付属の CD には、最初は「超スロー」、2 度目は「ナチュラル・スロー」（不自然ではないくらいのスロー）で吹き込まれているので、正確な発音は必ず、この付属 CD で確認しながら練習することを強くお勧めする。なお、カタカナ表記については研究社編集部が担当した。

音読 80 回達成の㊙

① 各ページの例文全部を暗記しようとしないこと。いちばん上の印が付いた①だけを暗記されたい。一文をしっかり暗記すれば、その文型はマスターしたことになる。したがって、残りの例文を暗記する必要はない。表現だけを覚えるだけで十分である。CDには、この部分だけを通しで収録した "Review Section" を最後につけた。

② 口をきちんと開いて自然のスピードで読むこと。決して黙読・速読しないこと。

③ 各文の場面を想像しながら、自己をその場面に没入し、主人公になったつもりで読むこと。

④ 長時間音読しようと思わないこと。朝食前の5分、ホームで電車を待っているとき、通勤電車の中、会社での昼休みのような短い時間を利用し、雑念を払い、精神統一して各文を読むこと。

⑤ 音読80回を目的としないこと。つまり、80回音読するということは、あくまでも覚えるための手段であり、80回音読したら終わりだと勘違いしないこと。

⑥ 200文くらい完全に音読すると、見るもの聞くものが英語で考えられるようになっている変身した自分自身を発見するだろう。つまり英語的発想、英語の思考回路が身につき、英語の世界に入れるのである。

目 次

はしがき　iii

【 1 】　I [We] have ...　「私[私たち]は…を持っています」　2
【 2 】　You [They] have ...　「あなた[彼ら]は…を持っています」　4
【 3 】　3人称単数主語 + has ...　「…は…を持っています」　6
【 4 】　I'm + 名詞　「私は…です」　8
【 5 】　You're + 形容詞[名詞]　「あなたは…です」　10
【 6 】　She's [He's] + 形容詞[名詞]　「彼女[彼]は…です」　12
【 7 】　We're + 形容詞[複数名詞]　「私たちは…です」　14
【 8 】　They're + 形容詞[複数名詞]　「彼ら[彼女たち]は…です」　16
【 9 】　一般動詞を従える疑問文　Does your + 主語 + 一般動詞 ...?
　　　　「あなたの…は…ですか」　18
【10】　一般動詞を従える疑問文
　　　　Do you [3人称複数主語] + 一般動詞 ...?
　　　　「…は…ですか」　20
【11】　形容詞を従える疑問文　Is + 3人称単数主語 + 形容詞?
　　　　「…は…ですか」　22
【12】　形容詞か名詞を従える疑問文　Are you + 形容詞[名詞]?
　　　　「あなたは…ですか」　24
【13】　形容詞か名詞を従える疑問文
　　　　Are + 1人称[3人称]複数主語 + 形容詞[名詞]?
　　　　「…は…ですか」　26
【14】　一般動詞を従える否定文
　　　　3人称単数主語 + doesn't + 一般動詞 ... ①
　　　　「…は…しません」　28
【15】　一般動詞を従える否定文
　　　　3人称単数主語 + doesn't + 一般動詞 ... ②

	「…は…しません」 30
【16】	一般動詞を従える否定文　I [We] don't + 一般動詞 … 「私[私たち]は…しません」 32
【17】	一般動詞を従える否定文 3人称複数主語 + don't + 一般動詞「…は…しません」 34
【18】	名詞を従える否定文　She [He] isn't + 名詞 「彼女[彼]は…ではありません」 36
【19】	形容詞を従える否定文　I'm not [We aren't] + 形容詞 … 「私[私たち]は…していません」 38
【20】	形容詞か名詞を従える否定文　She [He] isn't + 形容詞[名詞] 「彼女[彼]は…ではありません」 40
【21】	形容詞か名詞を従える否定文 You [They] aren't + 形容詞[名詞] 「あなた[彼ら、彼女たち]は…ではありません」 42
【22】	所有代名詞　「…のもの」 44
【23】	所有名詞　「…のもの」 46
【24】	一般動詞に慣れよう①　48
【25】	一般動詞に慣れよう②　50
【26】	語尾にsを付ける動詞　52
【27】	語尾にesを付ける動詞　54
【28】	代動詞としてのdoes, do 応答で使われるとき　Yes, 主語 + do [does]. 56
【29】	代動詞としてのdoes, do 比較級の文尾で使われるとき　… than … do [does]. 58
【30】	代名詞としてのThat　That's …「あれは…です」 60
【31】	代名詞としてのThis [That]　This is [That's] … 「これ[あれ]は…です」 62
【32】	形容詞としてのThis　This + 名詞 …「この」 64
【33】	形容詞としてのThat　That + 名詞「あの」 66
【34】	There's + 単数名詞 …（単数の人が）「います」 68
【35】	There's + 単数名詞 …（単数の無生物が）「あります」 70

【36】 There are + 複数名詞 …（複数の人が）「います」 72
【37】 命令文の作り方　一般動詞を文頭に置く「…しなさい」 74
【38】 命令文の作り方　Please + 一般動詞 …
　　　「…してください」 76
【39】 命令文の作り方　Be + a + 名詞, please.
　　　「…になってください」 78
【40】 命令文の作り方　Be + 形容詞「…してください」 80
【41】 命令文の作り方　Don't + 一般動詞 …, please.
　　　「…しないでください」 82
【42】 命令文の作り方　Please don't be + 形容詞
　　　「…にならないでください」 84
【43】 現在進行形　3人称単数主語 + is + 動詞の原形 + ing …
　　　「…は…しています[しているところです]」 86
【44】 比較級の作り方　形容詞 + er + than … ①「…より…」 88
【45】 比較級の作り方　形容詞 + er + than … ②「…より…」 90
【46】 最上級の作り方　the + 形容詞 + est「いちばん…」 92
【47】 代名詞としての These　These're …「これらは…です」 94
【48】 代名詞としての Those　Those're …「あれらは…です」 96
【49】 形容詞としての These　These + 複数名詞 …
　　　「これらの」 98
【50】 形容詞としての Those　Those + 複数名詞 …
　　　「あれらの」 100

文法解説編　103

必ずものになる

話すための英文法

［超入門編］

（上巻）

1 I [We] have …
「私[私たち]は…を持っています」

暗記

① **I have a car.**
　アイ　ハブ　ア　カー

② **I have a bicycle.**
　アイ　ハブ　ア　バイスィクル

③ **I have a green dress.**
　アイ　ハブ　ア　グリーン　ドレス

④ **I have a Swiss watch.**
　アイ　ハブ　ア　スイス　ウォッチ

⑤ **We have a vacation home.**
　ウイ　ハブ　ア　ベイケイション　ホウム

⑥ **We have three restaurants.**
　ウイ　ハブ　スリー　レストランツ

■[語句のヒント]
① car 車
② bicycle 自転車
③ green グリーンの、dress ドレス
④ Swiss スイスの、watch 時計
⑤ vacation home 別荘
⑥ restaurant レストラン

① 私は車を持っています。

② 私は自転車を持っています。

③ 私はグリーンのドレスを持っています。

④ 私はスイスの時計を持っています。

⑤ 私たちは別荘を持っています。

⑥ 私たちはレストランを3軒持っています。

■[ひと口メモ]
⑤ villa（別荘）がほとんどの辞典に出ているが、アメリカ人は知らない人が多い。これは豪邸の別荘を述べるときに上流階級の間ではよく使われている。一般のアメリカ人の間で使われている「別荘」は Ⓐ vacation [second] home, Ⓑ vacation [second] house がある。Ⓐは分譲マンション、一軒家のどちらにも使われている。Ⓑは一軒家にしか使われていない。

2 You [They] have ...
「あなた[彼ら]は…を持っています」

暗記

① **You have a big car.**
ユー ハブ ア ビッグ カー

② **You have a nice tie.**
ユー ハブ ア ナイス タイ

③ **You have a beautiful home.**
ユー ハブ ア ビューティフル ホウム

④ **You have a nice suit.**
ユー ハブ ア ナイス スーツ

⑤ **You have a good friend.**
ユー ハブ ア グッド フレンド

⑥ **They have a small supermarket.**
ゼイ ハブ ア スモール スーパマーケット

■[語句のヒント]
① big 大きい
② nice すてきな、tie ネクタイ
③ beautiful 美しい、home 家
④ suit スーツ
⑤ good いい、friend 友だち
⑥ small 小さな、supermarket スーパー

① あなたは大きい車を持っていますね。

------

② あなたはすてきなネクタイを持っていますね。

------

③ あなたは美しい家を持っていますね。

------

④ あなたはすてきなスーツを持っていますね。

------

⑤ あなたはいい友だちを持っていますね。

------

⑥ 彼らは小さなスーパーを持っています。

■[ひと口メモ]
②「すてきな」に相当する英語は Ⓐ nice, Ⓑ great, Ⓒ terrific がある。Ⓐがいちばん弱く、ⒷⒸの順で強くなる。
③「家」に相当する英語は Ⓐ home, Ⓑ house, Ⓒ place がある。家の中で話しているとき、家の中へ入ったことがないときは house を使う。家の所在地を述べるときは home も使われているが My place [house] is in Harajuku.（私の家は原宿にあります）のほうがずっとよく使われている。

3 3人称単数主語 + has ... 「…は…を持っています」

ここだけ暗記

① He has a sports car.
ヒー ハズ ア スポーツ カー

② He has a gray coat.
ヒー ハズ ア グレイ コウト

③ Bob has a motorcycle.
ボブ ハズ ア モウタサイクル

④ She has an office in Roppongi.
シー ハズ アン オフィス イン ロッポンギ

⑤ She has a lot of ball-point pens.
シー ハズ ア ロット オブ ボールポイント ペンズ

⑥ She has a lot of purses.
シー ハズ ア ロット オブ パースィーズ

■[語句のヒント]
① sports car スポーツカー
② gray グレー、coat オーバー
③ motorcycle オートバイ
④ office 事務所
⑤ a lot of たくさん、ball-point pen ボールペン
⑥ purse ハンドバッグ

① 彼はスポーツカーを持っています。

② 彼はグレーのオーバーを持っています。

③ ボブはオートバイを持っています。

④ 彼女は六本木に事務所を持っています。

⑤ 彼女はボールペンをたくさん持っています。

⑥ 彼女はたくさんハンドバッグを持っています。

■[ひと口メモ]
①②③は子音で始まる名詞の前なので「a」、④は母音で始まる名詞の前なので「an」、⑤⑥は複数なので名詞の語尾に和訳に表わせない「s」が必要になる。a lot of は many も使われているが前者のほうがよく使われている。しかし堅い文章英語では many のほうがよく使われている。
②「オーバー」は overcoat も使われているが coat のほうがずっとよく使われている。

4 I'm + 名詞　「私は…です」

ここだけ
暗記
① **I'm a student.**
　アイム　ア　スチューデント

② **I'm a teacher.**
　アイム　ア　ティーチャー

③ **I'm a professor.**
　アイム　ア　プロフェッサー

④ **I'm a policeman.**
　アイム　ア　ポリースマン

⑤ **I'm a taxi driver.**
　アイム　ア　タクスィ　ドライバー

⑥ **I'm their boss.**
　アイム　ゼア　ボス

■[語句のヒント]
① student 学生
② teacher 教師
③ professor 教授
④ policeman 警官
⑤ taxi driver タクシーの運転手
⑥ boss 上司

① 私は学生です。

---

② 私は教師です。

---

③ 私は教授です。

---

④ 私は警官です。

---

⑤ 私はタクシーの運転手です。

---

⑥ 私は彼らの上司です。

■[ひとロメモ]
①〜⑤ まで be 動詞は単数名詞を従えているので日本語に訳せない「a」が必要。⑥ は their があるので「a」が不要。

5 You're + 形容詞[名詞]「あなたは…です」

① **You're beautiful.**
　ユアー　ビューティフル

② **You're cute.**
　ユアー　キュート

③ **You're smart.**
　ユアー　スマート

④ **You're right.**
　ユアー　ライト

⑤ **You're wrong.**
　ユアー　ロング

⑥ **You're a good teacher.**
　ユアー　ア　グッド　ティーチャー

■[語句のヒント]
① be beautiful 美人です
② be cute 可愛いです
③ be smart 頭がいいです
④ be right 正しいです
⑤ be wrong 間違っている
⑥ good 教え方が上手な

① あなたは美人ですね。

---

② あなたは可愛いですね。

---

③ あなたは頭がいいですね。

---

④ あなたは正しいです。

---

⑤ あなたは間違っています。

---

⑥ あなたは教え方が上手な先生ですね。

■[ひとロメモ]
① 「美人です」は be gorgeous [good-looking, a knockout] と言っても同じで非常によく使われている。
② 「可愛い」は男の子のときは cute, adorable, sweet が非常によく使われている。女の子には cute, adorable, pretty が非常によく使われている。
⑥ good teacher は人柄も入っているが、主として教え方のことを述べるときに使われている。人柄だけを述べるときは nice teacher と言う。

6 She's [He's] + 形容詞[名詞]「彼女[彼]は…です」

暗記

① **She's sleepy.**
シーズ　スリーピー

② **She's angry.**
シーズ　アングリー

③ **He's hungry.**
ヒーズ　ハングリー

④ **He's busy.**
ヒーズ　ビズィ

⑤ **He's rich.**
ヒーズ　リッチ

⑥ **She's an actress.**
シーズ　アン　アクトレス

■[語句のヒント]
① be sleepy 眠い
② be angry 怒っている
③ be hungry お腹がすいている
④ be busy 忙しいです
⑤ rich 金持ち(な)
⑥ actress 女優

① 彼女は眠いんです。

------

② 彼女は怒っているんです。

------

③ 彼はお腹がすいているんです。

------

④ 彼は忙しいんです。

------

⑤ 彼は金持ちなんです。

------

⑥ 彼女は女優です。

■[ひと口メモ]
②「だれだれに怒っている」と怒っている人を言及するときは be angry at か be angry with を使う。人以外の事態、振る舞いのときは be angry with, be angry at, be angry about を使う。
④「仕事で忙しい」のように、忙しい内容を述べるときは He's busy with his work. のように with が必要になることもここでインプットしておこう。
⑤「金持ちなんです」は have a lot of money と言っても同じ。

7 We're + 形容詞[複数名詞]「私たちは…です」

ここだけ暗記

① **We're young.**
　ウイアー　ヤング

② **We're poor.**
　ウイアー　プア

③ **We're cold.**
　ウイアー　コウルド

④ **We're computer experts.**
　ウイアー　カンピューター　エキスパーツ

⑤ **We're lawyers.**
　ウイアー　ローヤーズ

⑥ **We're college students.**
　ウイアー　カレッジ　スチューデンツ

■[語句のヒント]
① young 若い
② poor 貧乏(な)
③ cold 寒い
④ computer expert コンピューター通
⑤ lawyer 弁護士
⑥ college student 大学生

① 私たちは若いです。

---

② 私たちは貧乏です。

---

③ 私たちは寒いです。

---

④ 私たちはコンピューター通です。

---

⑤ 私たちは弁護士です。

---

⑥ 私たちは大学生です。

■[ひと口メモ]
⑥ 辞典に「単科大学」は college、「総合大学」は university を使うと書いてあるが誤り。これら両語の使い分けは大学名を言及するときは、(例外はあるが)大学院がある大学には university、大学院がないときは college を使う。大学名を言及しないときは、大学院がある大学でも college のほうがずっとよく使われている。
①～③ まで be 動詞は形容詞を従えている。④⑤⑥ は名詞を従えている。主語が複数で名詞を従えているときは、名詞を複数形にする。しかし日本語は単数も複数も同じなので、複数形を使えるようによく暗記してインプットしよう。

8 They're + 形容詞[複数名詞]「彼ら[彼女たち]は…です」

ここだけ暗記

① **They're polite.**
　ゼイアー　ポライト

② **They're still young.**
　ゼイアー　スティル　ヤング

③ **They're good students.**
　ゼイアー　グッド　スチューデンツ

④ **They're movie stars.**
　ゼイアー　ムービー　スターズ

⑤ **They're our daughters.**
　ゼイアー　アウア　ドーターズ

⑥ **They're our teachers.**
　ゼイアー　アウア　ティーチャーズ

■[語句のヒント]
① polite 礼儀正しい
② still まだ
③ good 成績のいい、student 生徒
④ movie star 映画スター
⑤ daughter 娘
⑥ teacher 先生

① 彼らは礼儀正しいです。

---

② 彼らはまだ若いです。

---

③ 彼女たちは成績のいい生徒です。

---

④ 彼女たちは映画スターです。

---

⑤ 彼女たちは私たちの娘です。

---

⑥ 彼女たちは私たちの先生です。

■[ひと口メモ]
①「礼儀正しいです」は have good manners も非常によく使われている。
③「成績のいい生徒です」は be doing well in school, have good [high] grades も非常によく使われている。
①② は文尾が形容詞、③④⑤⑥ は主語が複数。複数主語のときは文尾の名詞を複数にする必要がある。

9 一般動詞を従える疑問文
Does your + 主語 + 一般動詞 …?
「あなたの…は…ですか」

ここだけ暗記

① **Does your mother play tennis?**
　ダズ　　ユア　　マザー　　プレイ　テニス

② **Does your wife drive?**
　ダズ　　ユア　　ワイフ　ドライブ

③ **Does your son speak French?**
　ダズ　　ユア　　サン　スピーク　フレンチ

④ **Does your grandpa still drive?**
　ダズ　　ユア　　グランパ　スティル　ドライブ

⑤ **Does your daughter play the piano?**
　ダズ　　ユア　　ドーター　プレイ　ザ　ピアノウ

⑥ **Does your boss understand you?**
　ダズ　　ユア　　ボス　アンダスタンド　ユー

■[語句のヒント]
① play tennis テニスをする
② drive 車に乗る → 車を運転する
③ speak 話す、French フランス語
④ grandpa おじいさん、still まだ
⑤ daughter お嬢さん、play the piano ピアノを弾く
⑥ boss 上司、understand 理解してくれる

① あなたのお母さんはテニスをするのですか。

② あなたの奥さんは車に乗るのですか。

③ あなたの息子さんはフランス語を話すのですか。

④ あなたのおじいさんはまだ車に乗るのですか。

⑤ あなたのお嬢さんはピアノを弾くのですか。

⑥ あなたの上司はあなたのことを理解してくれるのですか。

■[ひとロメモ]
①〜⑥ you は2人称、したがって本文の your につられて Do your …? とする人が多い。しかし主語は your の次の名詞なので3人称単数。
②「車に乗る」は drive a car とも言うが drive だけのほうがずっとよく使われている。
⑥ boss（上司）は supervisor もよく使われているが前者のほうがよく使われている。

10 一般動詞を従える疑問文
Do you [3人称複数主語]＋一般動詞...?
「…は…ですか」

ここだけ暗記

① **Do you speak Spanish?**
ドゥ ユー スピーク スパニッシュ

② **Do you work at night?**
ドゥ ユー ワーク アット ナイト

③ **Do you drive to the office?**
ドゥ ユー ドライブ トゥ ジ オフィス

④ **Do Tom and Bill speak Japanese?**
ドゥ トム アンド ビル スピーク ジャパニーズ

⑤ **Do Lisa and Mary work together?**
ドゥ リサ アンド メアリー ワーク トゥゲザー

⑥ **Do they come here every day?**
ドゥ ゼイ カム ヒア エブリ デイ

■[語句のヒント]
① speak 話す、Spanish スペイン語
② work 働く、at night 夜
③ drive 車で行く、office 会社
④ Japanese 日本語
⑤ together 一緒に
⑥ here ここへ、every day 毎日

① あなたはスペイン語を話すのですか。

---

② あなたは夜働いているのですか。

---

③ あなたは会社へ車で行くのですか。

---

④ トムとビルは日本語を話すのですか。

---

⑤ リサとメアリーは一緒に働いているのですか。

---

⑥ 彼らは毎日ここへ来るのですか。

■[ひとロメモ]
③「会社」に company を使いたい人が多い。しかし company は「○○会社」と組織を述べるときに使う。一方、職場として述べているときの「会社」には Ⓐ I drive to the office. Ⓑ I drive to work.（私は車で会社へ行きます）が使われている。Ⓐ は事務職、Ⓑ は事務職とすべての非事務職に広く使われている。また to the office の to は「会社へ」の「へ」を意味する。
⑥「ここへ来る」に come to here と言いたい人が多いであろう。しかし here は「ここへ」の意味。したがって to の意味を含んでいるので to は不要。

11 形容詞を従える疑問文
Is＋3人称単数主語＋形容詞?
「…は…ですか」

ここだけ暗記

① **Is Linda pretty?**
   イズ　リンダ　プリティー

② **Is Tom handsome?**
   イズ　トム　ハンサム

③ **Is Mary friendly?**
   イズ　メアリー　フレンドリー

④ **Is Brian heavy?**
   イズ　ブライアン　ヘビー

⑤ **Is she tall?**
   イズ　シー　トール

⑥ **Is she short?**
   イズ　シー　ショート

■[語句のヒント]
① be pretty 美しいです
② be handsome ハンサムです
③ be friendly 親しみやすい
④ be heavy 太っている
⑤ be tall 背が高いです
⑥ be short 背が低いです

① リンダは美しいですか。

---

② トムはハンサムですか。

---

③ メアリーは親しみやすいですか。

---

④ ブライアンは太っていますか。

---

⑤ 彼女は背が高いですか。

---

⑥ 彼女は背が低いですか。

■［ひとロメモ］
① pretty は beautiful, gorgeous, a knockout より美しさの程度は下がる。
④ heavy の代わりに big, large も使われる。「太っている」= be fat と思っている人が多い。しかし be fat は「デブです」という意味。

12 形容詞か名詞を従える疑問文
Are you + 形容詞[名詞]?
「あなたは…ですか」

ここだけ暗記

① **Are you hungry?**
アー ユー ハングリー

② **Are you busy?**
アー ユー ビズィ

③ **Are you sick?**
アー ユー スィック

④ **Are you angry?**
アー ユー アングリー

⑤ **Are you his assistant?**
アー ユー ヒズ アスィスタント

⑥ **Are you their boss?**
アー ユー ゼア ボス

■[語句のヒント]
① be hungry お腹がすいている
② be busy 忙しいです
③ be sick 病気です
④ be angry 怒っている
⑤ assistant 部下
⑥ boss 上司

① あなたはお腹がすいているのですか。

------

② あなたは忙しいのですか。

------

③ あなたは病気なのですか。

------

④ あなたは怒っているのですか。

------

⑤ あなたは彼の部下ですか。

------

⑥ あなたは彼女たちの上司ですか。

■[ひと口メモ]
③ 辞典は「病気です」に be sick と be ill を紹介し、アメリカでは主として前者、ill は重病の場合と解説しているが誤り。重病でなくとも ill はよく使われ、sick は非常によく使われている。「彼は重病です」は He's very sick. や He's seriously ill. と言う。seriously sick, very ill は使用頻度がぐ〜んと下がる。
⑤ は Do you work for him? も非常によく使われている。

13 形容詞か名詞を従える疑問文
Are + 1人称[3人称]複数主語 + 形容詞[名詞]？　「…は…ですか」

ここだけ暗記

① **Are we wrong?**
　アー　ウイ　ロング

② **Are we late?**
　アー　ウイ　レイト

③ **Are they poor?**
　アー　ゼイ　プア

④ **Are they right?**
　アー　ゼイ　ライト

⑤ **Are they your assistants?**
　アー　ゼイ　ユア　アスィスタンツ

⑥ **Are Nancy and Mary good students?**
　アー　ナンスィ　アンド　メアリー　グッド　スチューデンツ

■[語句のヒント]
① be wrong 間違っている
② be late 遅れている
③ be poor 貧乏です
④ be right 正しいです
⑤ assistant 部下
⑥ good student 成績がいい学生

① 私たちは間違っていますか。

② 私たちは遅れていますか。

③ 彼らは貧乏なのですか。

④ 彼らは正しいのですか。

⑤ 彼女たちはあなたの部下ですか。

⑥ ナンシーとメアリーは成績がいい学生ですか。

■[ひと口メモ]
⑤は Do they work for you?（彼らはあなたのために働いているのですか）
→（彼らはあなたの部下ですか）も非常によく使われている。

14 一般動詞を従える否定文 3人称単数主語 + doesn't + 一般動詞 … ① 「…は…しません」

ここだけ暗記

① **She doesn't remember you.**
シー　ダズント　リメンバー　ユー

② **She doesn't know us.**
シー　ダズント　ノウ　アス

③ **She doesn't like math.**
シー　ダズント　ライク　マス

④ **She doesn't like flashy colors.**
シー　ダズント　ライク　フラッシー　カラーズ

⑤ **He doesn't believe us.**
ヒー　ダズント　ビリーブ　アス

⑥ **Bill doesn't greet us.**
ビル　ダズント　グリート　アス

■[語句のヒント]
① remember 覚えている
② know 知る
③ math 数学
④ flashy 派手な
⑤ believe 言ったことを信じている
⑥ greet あいさつする

TRACK 14

① 彼女はあなたのことを覚えていません。

---

② 彼女は私たちを知りません。

---

③ 彼女は数学が好きではありません。

---

④ 彼女は派手な色が好きではありません。

---

⑤ 彼は私たちが言ったことを信じていません。

---

⑥ ビルは私たちにあいさつをしません。

■[ひと口メモ]
⑤ 辞典は「信じている」に Ⓐ believe, Ⓑ have faith in, Ⓒ have confidence in を同意語として紹介しているが、Ⓐ は「言ったことば」、ⒷⒸ は何かをする「能力」があることに言及するときに使われている。

15 一般動詞を従える否定文 3人称単数主語 + doesn't + 一般動詞 … ② 「…は…しません」

ここだけ暗記

① **My father doesn't drink.**
マイ　ファーザー　ダズント　ドリンク

② **My mother doesn't like sweets.**
マイ　マザー　ダズント　ライク　スウィーツ

③ **My father doesn't drive.**
マイ　ファーザー　ダズント　ドライブ

④ **Her husband doesn't work.**
ハー　ハズバンド　ダズント　ワーク

⑤ **His wife doesn't cook.**
ヒズ　ワイフ　ダズント　クック

⑥ **Our boss doesn't smoke.**
アウア　ボス　ダズント　スモウク

■[語句のヒント]
① drink アルコールを飲む
② sweets 甘いもの
③ drive 車に乗る
④ work 働く
⑤ cook 料理する
⑥ boss 上司、smoke タバコを吸う

① 父はアルコールを飲みません。

② 母は甘いものが好きではありません。

③ 父は車に乗りません。

④ 彼女のご主人は働いていません。

⑤ 彼の奥さんは料理しません。

⑥ 私たちの上司はタバコを吸いません。

■[ひと口メモ]
①「アルコールを飲む」は drink liquor, drink alcohol もよく使われているが、本文のほうがずっとよく使われている。
③「車に乗る」とは正確には「車を運転する」こと。drive a car もよく使われているが、本文のほうがずっとよく使われている。

16 一般動詞を従える否定文
I [We] don't + 一般動詞 …
「私[私たち]は…しません」

ここだけ暗記

① **I don't like my boss.**
アイ ドント ライク マイ ボス

② **I don't know them.**
アイ ドント ノウ ゼム

③ **I don't trust him.**
アイ ドント トラスト ヒム

④ **We don't watch TV.**
ウイ ドント ウォッチ ティービィ

⑤ **We don't have breakfast.**
ウイ ドント ハブ ブレックファスト

⑥ **We don't eat out.**
ウイ ドント イート アウト

■[語句のヒント]
① boss 上司
② know 知る
③ trust 信用する
④ watch 見る
⑤ have 食べる、breakfast 朝食
⑥ eat out 外食する

① 私は上司が好きではありません。

---

② 私は彼女たちを知りません。

---

③ 私は彼を信用していません。

---

④ 私たちはテレビを見ません。

---

⑤ 私たちは朝食を食べません。

---

⑥ 私たちは外食しません。

■[ひと口メモ]
④ 映像の意味での「テレビ」は watch television も使われているが watch TV のほうがずっとよく使われている。注意したいことは TV に「a」「the」が付かないことである。辞典に a TV set が紹介されているが、今は使われていない。I have a TV.（私はテレビを持っている）のように言う。
⑤ I don't have a car.（私は車を持っていません）のように名詞 car の前に和訳できない「a」が付く。しかし breakfast, lunch, dinner の前には付かない。ただし I don't have a big breakfast.（私は朝食はたくさん食べません）のように形容詞が付くときは「a」が必要。

17 一般動詞を従える否定文
3人称複数主語 + don't + 一般動詞
「…は…しません」

ここだけ暗記

① **My assistants don't like me.**
　マイ　アスィスタンツ　ドント　ライク　ミー

② **My parents don't trust me.**
　マイ　ペアレンツ　ドント　トラスト　ミー

③ **Lisa and Jane don't drink.**
　リサ　アンド　ジェイン　ドント　ドリンク

④ **They don't agree with him.**
　ゼイ　ドント　アグリー　ウィズ　ヒム

⑤ **Linda and Cindy don't eat together.**
　リンダ　アンド　スィンディ　ドント　イート　トゥゲザー

⑥ **Tom and Bill don't work with us.**
　トム　アンド　ビル　ドント　ワーク　ウィズ　アス

■[語句のヒント]
① assistant 部下
② parents 両親、trust 信用する
③ drink お酒を飲む
④ agree with …に同意する
⑤ together 一緒に
⑥ with …と一緒に

① 部下たちは私のことが好きではないんです。

---

② 両親は私のことを信用していないんです。

---

③ リサとジェーンはお酒を飲みません。

---

④ 彼女たちは彼に同意していません。

---

⑤ リンダとシンディーは一緒に食べません。

---

⑥ トムとビルは私たちと一緒に働いていません。

■[ひと口メモ]
①〜⑥まで主語は3人称複数。したがって doesn't ではなく don't を使う。筆者の指導経験では ③ の Lisa and Jane を3人称単数と考えて doesn't を使う人が多い。しかし Lisa and Jane が主語。したがって3人称複数であることに注意。

⑤ の together と ⑥ の with の意味が似ているので混乱している人が多いが、次のように整理しておこう。together は「一緒に」であるのに対して with は「…と一緒に」という意味。

18 名詞を従える否定文
She [He] isn't + 名詞
「彼女[彼]は…ではありません」

ここだけ暗記

① **She isn't a good singer.**
シー イズント ア グッド スィンガー

② **She isn't a beautician.**
シー イズント ア ビューティシャン

③ **She isn't a college student.**
シー イズント ア カレッジ スチューデント

④ **She isn't a dietician.**
シー イズント ア ダイエティシャン

⑤ **He isn't a lawyer.**
ヒー イズント ア ローヤー

⑥ **He isn't our security guard.**
ヒー イズント アウア セキュリティ ガード

■[語句のヒント]
① good singer 歌が上手
② beautician 美容師
③ college student 大学生
④ dietician 栄養士
⑤ lawyer 弁護士
⑥ our うちの、security guard 警備員

① 彼女は歌が上手ではありません。

---

② 彼女は美容師ではありません。

---

③ 彼女は大学生ではありません。

---

④ 彼女は栄養士ではありません。

---

⑤ 彼は弁護士ではありません。

---

⑥ 彼はうちの警備員ではありません。

■[ひと口メモ]
①〜⑤まで名詞を従えるので「a」が必要。⑥は所有格 our がある。所有格の前には「a」は不要。
① はプロでもプロでない人にも使える。これは singer だけでなく、すべての他の語にも言える。若干例を紹介しよう。She's a good golfer.（彼女はゴルフが上手です）、She's a good violinist.（彼女はバイオリンが上手です）、She's a good cook.（彼女は料理が上手です）。
③ She isn't a university student. とも言えるが、本文のほうがずっとよく使われている。

19 形容詞を従える否定文
I'm not [We aren't] + 形容詞 …
「私[私たち]は…していません」

ここだけ暗記

① **I'm not hungry.**
アイム ナット ハングリー

② **I'm not angry.**
アイム ナット アングリー

③ **I'm not lonely.**
アイム ナット ロウンリー

④ **We aren't happy.**
ウイ アーント ハピー

⑤ **I'm not happy with my pay.**
アイム ナット ハピー ウィズ マイ ペイ

⑥ **We aren't angry at him.**
ウイ アーント アングリー アット ヒム

■[語句のヒント]
① be hungry お腹がすいている
② be angry 怒っている
③ be lonely さびしい
④ be happy 満足している
⑤ pay 給料
⑥ at him 彼のことを

① 私はお腹はすいていません。

---

② 私は怒っていません。

---

③ 私はさびしくありません。

---

④ 私たちは満足していません。

---

⑤ 私は給料に満足していないんです。

---

⑥ 私たちは彼のことを怒っていません。

■[ひとロメモ]
②④ は対象を述べるときは ⑤⑥ のように、⑤ は with、⑥ は at を必要とすることをここでインプットしておこう。

20 形容詞か名詞を従える否定文
She [He] isn't + 形容詞[名詞]
「彼女[彼]は…ではありません」

ここだけ暗記

① **She isn't a lady.**
   シー イズント ア レイディ

② **She isn't flexible.**
   シー イズント フレクサブル

③ **She isn't talkative.**
   シー イズント トーカティブ

④ **He isn't handsome.**
   ヒー イズント ハンサム

⑤ **He isn't afraid.**
   ヒー イズント アフレイド

⑥ **He isn't a gentleman.**
   ヒー イズント ア ジェントルマン

■[語句のヒント]
① lady 立派な女性
② be flexible 柔軟性がある
③ be talkative 話し好きです
④ be handsome ハンサムです
⑤ be afraid 恐れている
⑥ gentleman 紳士

① 彼女は立派な女性ではありません。

---

② 彼女は柔軟性がありません。

---

③ 彼女は話し好きではありません。

---

④ 彼はハンサムではありません。

---

⑤ 彼は恐れていません。

---

⑥ 彼は紳士ではありません。

■[ひと口メモ]
①⑥は名詞を従えるので「a」が必要。②〜⑤は形容詞を従えるので「a」は不要。

21 形容詞か名詞を従える否定文
You [They] aren't + 形容詞[名詞]
「あなた[彼ら、彼女たち]は…ではありません」

ここだけ暗記

① **You aren't right.**
ユー　アーント　ライト

② **You aren't wrong.**
ユー　アーント　ロング

③ **You aren't cheap.**
ユー　アーント　チープ

④ **You aren't a family man.**
ユー　アーント　ア　ファミリー　マン

⑤ **They aren't my assistants.**
ゼイ　アーント　マイ　アスィスタンツ

⑥ **They aren't lawyers.**
ゼイ　アーント　ローヤーズ

■[語句のヒント]
① be right 正しい
② be wrong 間違っている
③ be cheap 安っぽい
④ family man 家庭的な夫
⑤ assistant 部下
⑥ lawyer 弁護士

① あなたは正しくありません。

---

② あなたは間違っていません。

---

③ あなたは安っぽくありません。

---

④ あなたは家庭的な夫ではありません。

---

⑤ 彼らは私の部下ではありません。

---

⑥ 彼らは弁護士ではありません。

■[ひと口メモ]
①②③ の be 動詞は形容詞を従えている。④ は単数名詞を従えている。したがって「a」が必要。⑤⑥は複数名詞を従えているので語尾に「s」が必要。

22 所有代名詞「…のもの」

ここだけ暗記

① **This is mine.**
ディス イズ マイン

② **This is ours.**
ディス イズ アウアズ

③ **This is yours.**
ディス イズ ユアズ

④ **That's yours.**
ザッツ ユアズ

⑤ **That's his.**
ザッツ ヒズ

⑥ **That's hers.**
ザッツ ハーズ

■[語句のヒント]
① mine 私のもの
② ours 私たちのもの
③ yours あなたのもの
④ yours あなたたちのもの
⑤ his 彼のもの
⑥ hers 彼女のもの

① これは私のものです。

② これは私たちのものです。

③ これはあなたのものです。

④ あれはあなたたちのものです。

⑤ あれは彼のものです。

⑥ あれは彼女のものです。

■[ひと口メモ]
①〜⑥のThis, Thatを発音するとき"th"の部分は舌を上の歯と下の歯の間に入れ、中に引くとき摩擦させて発音する。

23 所有名詞 「…のもの」

ここだけ暗記

① **This is Dad's.**
ディス イズ ダッズ

② **This is Mom's.**
ディス イズ マムズ

③ **This is Grandpa's.**
ディス イズ グランパーズ

④ **This is Grandma's.**
ディス イズ グランマーズ

⑤ **That's my daughter's.**
ザッツ マイ ドーターズ

⑥ **That's our youngest son's.**
ザッツ アウア ヤンゲスト サンズ

■[語句のヒント]
① Dad's お父さんのもの
② Mom's お母さんのもの
③ Grandpa's おじいちゃんのもの
④ Grandma's おばあちゃんのもの
⑤ daughter's 娘のもの
⑥ youngest son's いちばん下の息子のもの

① これはお父さんのものです。

---

② これはお母さんのものです。

---

③ これはおじいちゃんのものです。

---

④ これはおばあちゃんのものです。

---

⑤ あれは娘のものです。

---

⑥ あれは私たちのいちばん下の息子のものです。

■[ひと口メモ]
①② 筆者の長年の指導経験では「お父さん」= father、「お母さん」= mother と思っている人が多い。father は「父」、mother は「母」という意味。したがって中年になっても家庭内では Dad（お父さん）、Mom（お母さん）と呼ぶ。家の外で「私の父は…」「私の母は…」と述べるときは My father …, My mother … と言う。外部の人に話すときでも「お父さんは…」「お母さんは…」と述べるときは Dad's …, My dad's …, Mom's …, My mom's … と言う。

24 一般動詞に慣れよう ①

ここだけ暗記

① **I live in Harajuku.**
アイ リブ イン ハラジュク

② **I work at a supermarket.**
アイ ワーク アット ア スーパマーケット

③ **I dream every evening.**
アイ ドリーム エブリ イブニング

④ **We practice soccer every day.**
ウイ プラクティス サッカー エブリ デイ

⑤ **We go to bed at 10 o'clock.**
ウイ ゴウ トゥ ベッド アット テン オクロック

⑥ **We walk to the office.**
ウイ ウォーク トゥ ジ オフィス

■[語句のヒント]
① live 住んでいる
② supermarket スーパー
③ dream 夢を見る、every evening 毎晩
④ practice 練習する、soccer サッカー
⑤ go to bed 寝る
⑥ walk 歩いて行く、office 会社

① 私は原宿に住んでいます。

② 私はスーパーで働いています。

③ 私は毎晩夢を見ます。

④ 私たちは毎日サッカーを練習します。

⑤ 私たちは10時に寝ます。

⑥ 私たちは歩いて会社へ行きます。

■[ひと口メモ]
②「働いている」「勤めている」と述べるとき、次の要領で前置詞を使い分けている。スーパー、店、レストラン、工場などには work at、銀行などの事務所には Ⓐ work for, Ⓑ work at が使われている。Ⓐ は管理職、Ⓑ は非管理職、ただし平社員でも聞こえよくするために Ⓐ を使うことも多い。
⑥「…へ歩いて行く」は go to ... on foot もよく使われているが walk のほうがずっとよく使われている。

25 一般動詞に慣れよう ②

ここだけ暗記

① **I drink a lot of coffee every morning.**
アイ ドリンク ア ロット オブ コーフィ エブリ モーニング

② **We remember him.**
ウイ リメンバー ヒム

③ **My parents speak Spanish and Italian.**
マイ ペアレンツ スピーク スパニッシュ アンド イタリアン

④ **They know me well.**
ゼイ ノウ ミー ウェル

⑤ **Everybody supports me.**
エブリバディ サポーツ ミー

⑥ **We exercise every day.**
ウイ エクササイズ エブリ デイ

■[語句のヒント]
① drink 飲む、a lot of たくさん、every morning 毎朝
② remember 覚えている
③ parents 両親、Spanish スペイン語、Italian イタリア語
④ well よく
⑤ everybody みんな、support 支持する
⑥ exercise 運動する

① 私は毎朝たくさんコーヒーを飲みます。

---

② 私たちは彼を覚えています。

---

③ 私の両親はスペイン語とイタリア語を話すんです。

---

④ 彼らは私をよく知っています。

---

⑤ みんなが私を支持しています。

---

⑥ 私たちは毎日運動しています。

■[ひと口メモ]
④ know と no は発音は同じであることを頭に入れておこう。
⑤ Everybody は Everyone と言っても同じ。

26 語尾に S を付ける動詞

ここだけ暗記

① **Dad plays golf.**
ダッド プレイズ ゴルフ

② **Mom plays the piano.**
マム プレイズ ザ ピアノウ

③ **Grandpa practices the guitar.**
グランパ プラクティスィズ ザ ギター

④ **Grandma listens to the radio all day.**
グランマ リスンズ トゥ ザ レイディオウ オール デイ

⑤ **My son drives to the office every day.**
マイ サン ドライブズ トゥ ジ オフィス エブリ デイ

⑥ **My husband walks to the station every morning.**
マイ ハズバンド ウォークス トゥ ザ ステイション エブリ モーニング

■[語句のヒント]
① Dad お父さん、play golf ゴルフをする
② Mom お母さん、play 弾く
③ grandpa おじいちゃん、practice 練習する
④ grandma おばあちゃん、listen to …を聴く、all day 一日中
⑤ drive to the office 車で会社へ行く
⑥ walk 歩いて行く

① お父さんはゴルフをします。

② お母さんはピアノを弾きます。

③ おじいちゃんはギターを練習します。

④ おばあちゃんは一日中ラジオを聴いています。

⑤ 息子は毎日車で会社へ行きます。

⑥ 夫は毎朝駅まで歩いて行きます。

■[ひと口メモ]
②③ 楽器を「弾く」「練習する」と述べるときは play [practice] the + 楽器の形で使う。
④ 「テレビを見る」は watch TV. しかし「ラジオを聴く」には listen to the radio と必ず「the」が必要。

27 語尾に es を付ける動詞

ここだけ暗記

① **My son teaches chemistry.**
マイ サン ティーチーズ ケミストリー

② **Mom washes her hair every other day.**
マム ウォッシーズ ハー ヘア エブリ アザー デイ

③ **My daughter watches TV after dinner.**
マイ ドーター ウォッチーズ ティービィ アフター ディナー

④ **Barbara misses her family in America.**
バーバラ ミスィーズ ハー ファミリー イン アメリカ

⑤ **Dad goes overseas many times a year.**
ダッド ゴウズ オウバースィーズ メニー タイムズ ア イヤー

⑥ **School finishes at 3 o'clock.**
スクール フィニシーズ アットスリー オクロック

■[語句のヒント]
① teach 教える、chemistry 化学
② wash 洗う、every other day 一日置きに
③ watch 見る、after dinner 夕食後
④ miss なつかしく思う、family 家族
⑤ Dad お父さん、overseas 外国へ、many times 何度も
⑥ finish 終わる

① 息子は化学を教えています。

② お母さんは一日置きに髪を洗います。

③ 娘は夕食後テレビを見ます。

④ バーバラはアメリカにいる家族をなつかしく思います。

⑤ お父さんは一年に何度も外国へ行きます。

⑥ 学校は3時に終わります。

■[ひと口メモ]
⑤「外国へ行く」は go to a foreign country と言いたい人が多いであろう。しかし foreign country は go や travel とともに使えない。したがって go や travel があるときの「外国」は overseas, out of the country, abroad を使う。
⑥ 学校、集会などが「終わる」には wrap up, end もよく使われているが、let out, be over が本文と同様非常によく使われている。

28 代動詞としての does, do
応答で使われるとき
Yes, 主語 + do [does].

ここだけ暗記

① Brian: Do you like classical music?
　　　　ドゥ　ユー　ライク　クラスィカル　ミューズィック

　Linda: Yes, I do.
　　　　イエス　アイ ドゥ

② Brian: Does your father like rich food?
　　　　ダズ　　ユア　ファーザー　ライク　リッチ　フード

　Linda: Yes, he does.
　　　　イエス　ヒー　ダズ

③ Linda: Does your father like polka-dot ties?
　　　　ダズ　　ユア　ファーザー　ライク　ポウカダット　タイズ

　Brian: Yes, he does.
　　　　イエス　ヒー　ダズ

④ Linda: Do your bosses support your opinion?
　　　　ドゥ　ユア　ボスィーズ　サポート　ユア　オピニオン

　Brian: Yes, they do.
　　　　イエス　ゼイ　ドゥ

■[語句のヒント]
① classical music クラシック音楽
② rich food こってりした料理
③ polka-dot tie 水玉のネクタイ
④ boss 上司、support 支持している、opinion 意見

① ブライアン： あなたはクラシック音楽が好きですか。
　リンダ： はい、好きです。

---

② ブライアン： あなたのお父さんはこってりした料理が好きですか。
　リンダ： はい、好きです。

---

③ リンダ： あなたのお父さんは水玉のネクタイが好きですか。
　ブライアン： はい、好きです。

---

④ リンダ： 上司たちはあなたの意見を支持しているのですか。
　ブライアン： はい、支持しています。

■[ひと口メモ]
①「クラシック音楽」を classic music としないこと。
② rich food（こってりした料理）は欧米と日本では基準が違う。中国料理は彼らにとっては rich food ではない。彼らにとって rich food なのはフランス料理、イタリア料理。あっさりした日本料理は plain food と言う。
① は Yes, I like it. ② は Yes, he likes it. ③ は Yes, he likes them. ④ は Yes, they support it. と言っても同じで、よく使われている。

29 代動詞としての does, do
比較級の文尾で使われるとき
… than … do [does].

ここだけ暗記

① **She works faster than I do.**
 シー ワークス ファスター ザン アイ ドゥ

② **She thinks faster than he does.**
 シー シンクス ファスター ザン ヒー ダズ

③ **They like New York more than we do.**
 ゼイ ライク ニュー ヨーク モア ザン ウイ ドゥ

④ **He eats slower than she does.**
 ヒー イーツ スロウアー ザン シー ダズ

⑤ **My husband gets up earlier than I do.**
 マイ ハズバンド ゲッツ アップ アーリアー ザン アイ ドゥ

⑥ **My wife makes more money than I do.**
 マイ ワイフ メイクス モア マニー ザン アイ ドゥ

■[語句のヒント]
① work fast 仕事が速い
② think fast 頭の回転が速い
③ like 好きです
④ eat slow 食べるのが遅い
⑤ get up 起きる、early 早く
⑥ make money お金を稼ぐ

① 彼女は私より仕事が速いんです。

---

② 彼女は彼より頭の回転が速いんです。

---

③ 彼らは私たちよりニューヨークが好きなんです。

---

④ 彼は彼女より食べるのが遅いんです。

---

⑤ 夫は私より早く起きるんです。

---

⑥ 妻は私より多くお金を稼ぐんです。

■[ひと口メモ]
①〜⑥までの … than＋主語＋do [does] はよく使われているが、次のように than＋目的格のほうがさらによく使われている。① は … than me. ② は … than him. ③ は … than us. ④ は … than her. ⑤⑥ は … than me. Ⓐ Do you speak French?（あなたはフランス語を話しますか）Ⓑ Yes, I do. と、Ⓒ ①〜⑥までの … do [does]. において、Ⓐ のように尋ねるとき文頭の Do はきわめて軽く発音される。しかし ⒷⒸ の do [does] は強く発音する。CD をよく聴いてこれらの違いをしっかり身につけよう。

30 代名詞としての That
That's …
「あれは…です」

ここだけ暗記

① **That's a new car.**
   ザッツ ア ニュー カー

② **That's a secondhand car.**
   ザッツ ア セカンドハンド カー

③ **That's Bill's coat.**
   ザッツ ビルズ コウト

④ **That's Linda's hat.**
   ザッツ リンダズ ハット

⑤ **That's Lisa's jacket.**
   ザッツ リサズ ジャケット

⑥ **That's our college.**
   ザッツ アウア カレッジ

■[語句のヒント]
① new car 新車
② secondhand car 中古車
③ coat オーバー
④ hat 帽子
⑤ jacket 上着
⑥ college 大学

① あれは新車です。

---

② あれは中古車です。

---

③ あれはビルのオーバーです。

---

④ あれはリンダの帽子です。

---

⑤ あれはリサの上着です。

---

⑥ あれは私たちの大学です。

■[ひと口メモ]
①②は「a」が名詞の前に付いているが、③④⑤⑥は所有格があるので「a」は不要であることをしっかりインプットしよう。
①「新車」は brandnew car も非常によく使われている。
②「中古車」は used car も等しく非常によく使われている。
③「オーバー」は overcoat もよく使われているが、本文のほうがよく使われている。
④「帽子」は cap と hat がある。前者は縁なし、後者は縁がある。

31 代名詞としての This [That] This is [That's] … 「これ[あれ]は…です」

ここだけ暗記

① **This is a Japanese TV.**
ディス イズ ア ジャパニーズ ティービィ

② **This is an American car.**
ディス イズ アン アメリカン カー

③ **This is Bill's coat.**
ディス イズ ビルズ コウト

④ **That's Dad's car.**
ザッツ ダッズ カー

⑤ **That's the post office.**
ザッツ ザ ポウスト オフィス

⑥ **That's the fire station.**
ザッツ ザ ファイア ステイション

■[語句のヒント]
① Japanese 日本の
② American アメリカの
③ coat オーバー
④ Dad お父さん
⑤ post office 郵便局
⑥ fire station 消防署

① これは日本のテレビです。

---

② これはアメリカの車です。

---

③ これはビルのオーバーです。

---

④ あれはお父さんの車です。

---

⑤ あれは郵便局です。

---

⑥ あれは消防署です。

■[ひと口メモ]
①② は名詞を従えているので冠詞「a」「an」が必要。
③④ は所有格がある。したがって数えられないので冠詞は不要になる。
⑤⑥ は特定の名詞に言及しているので「the」が必要になる。

32 形容詞としての This
This + 名詞 … 「この」

ここだけ暗記

① **This book's interesting.**
   ディス ブックス インタレスティング

② **This car's cheap.**
   ディス カーズ チープ

③ **This meat's tender.**
   ディス ミーツ テンダー

④ **This pork's tough.**
   ディス ポークス タフ

⑤ **I don't like this color.**
   アイ ドント ライク ディス カラー

⑥ **We don't like this singer.**
   ウイ ドント ライク ディス スィンガー

■[語句のヒント]
① interesting 面白い
② cheap 安い
③ meat 肉、tender やわらかい
④ pork 豚肉、tough かたい
⑤ color 色
⑥ singer 歌手

① この本は面白いです。

② この車は安いです。

③ この肉はやわらかいです。

④ この豚肉はかたいです。

⑤ 私はこの色が好きではありません。

⑥ 私たちはこの歌手が好きではありません。

■[ひとロメモ]
②「安い」は「お買い得」の気持ちで言うときは This car's a good buy. とか This car's a good deal. と言う。cheap は「安っぽい」という意味があるので、店員や売り主は使わない。
③「やわらかい」に soft を使いたい人が多いであろう。しかし肉には tender しか使えない。
④「かたい」に hard を使いたい人が多いであろう。しかし肉には tough しか使えない。

33 形容詞としての That / That + 名詞 / 「あの」

暗記

① **I like that tie.**
アイ ライク ザット タイ

② **I don't like that color.**
アイ ドント ライク ザット カラー

③ **She likes that long dress.**
シー ライクス ザット ロング ドレス

④ **She wants that dress.**
シー ウォンツ ザット ドレス

⑤ **Who's that boy?**
フーズ ザット ボーイ

⑥ **That clock's slow.**
ザット クロックス スロウ

■[語句のヒント]
① tie ネクタイ
② color 色
③ long dress ロングドレス
④ want 欲しい
⑤ Who's …? だれですか、boy 少年
⑥ clock 時計、be slow 遅れている

① 私はあのネクタイが好きです。

② 私はあの色は好きではありません。

③ 彼女はあのロングドレスが好きなんです。

④ 彼女はあのドレスが欲しいんです。

⑤ あの少年はだれですか。

⑥ あの時計は遅れています。

■[ひと口メモ]
① 辞典は necktie（ネクタイ）も紹介しているが使われていない。
⑥ slow はスピードの上で「遅い」「遅れている」、late は決められた時間に「遅れている」という違いをマスターしよう。slow の反対は fast、late の反対は early であることもここで整理しておこう。

34 There's + 単数名詞 …（単数の人が）「います」

ここだけ暗記

① **There's a young woman at the door.**
　ゼアズ　ア　ヤング　ウーマン　アット　ザ　ドア

② **There's a gentleman at the gate.**
　ゼアズ　ア　ジェントルマン　アット　ザ　ゲイト

③ **There's an American teacher at that school.**
　ゼアズ　アン　アメリカン　ティーチャー　アット　ザット　スクール

④ **There's a handsome guy in the lobby.**
　ゼアズ　ア　ハンサム　ガイ　イン　ザ　ロビー

⑤ **There's a tall man in Sales.**
　ゼアズ　ア　トール　マン　イン　セイルス

⑥ **There's a boy in the car.**
　ゼアズ　ア　ボーイ　イン　ザ　カー

■[語句のヒント]
① woman 女性、at the door 入口に
② gentleman 男の方、gate 門
③ American アメリカ人の、teacher 先生
④ handsome ハンサムな、guy 男性、lobby ロビー
⑤ Sales 営業部
⑥ boy 少年

① 入口に若い女性がいます。

---

② 門のところに男の方がいます。

---

③ あの学校にアメリカ人の先生がいます。

---

④ ロビーにハンサムな男性がいます。

---

⑤ 営業部に背の高い男性がいます。

---

⑥ 車の中に少年がいます。

■[ひと口メモ]
① 辞典は「入口」に the entrance を紹介しているが、「大きなビル」以外では使われていない。
③ in that school もよく使われているが、at〜のほうがさらによく使われている。
⑤ 辞典は「営業部」に the Sales Department しか紹介していないが、Sales のほうがずっとよく使われている。

35 There's + 単数名詞 …（単数の無生物が）「あります」

ここだけ暗記

① **There's a park near my house.**
　ゼアズ　ア　パーク　ニア　マイ　ハウス

② **There's a restaurant in that building.**
　ゼアズ　ア　レストラント　イン　ザット　ビルディング

③ **There's a bag on the table.**
　ゼアズ　ア　バッグ　オン　ザ　テイブル

④ **There's a convenience store on the corner.**
　ゼアズ　ア　カンビーニエンス　ストア　オン　ザ　コーナー

⑤ **There's a flower shop near the post office.**
　ゼアズ　ア　フラウアー　ショップ　ニア　ザ　ポウスト　オフィス

⑥ **There's a beauty shop near my office.**
　ゼアズ　ア　ビューティ　ショップ　ニア　マイ　オフィス

■[語句のヒント]
① park 公園、near 近くに
② restaurant レストラン、building ビル
③ bag カバン
④ convenience store コンビニ、on the corner 角に
⑤ flower shop 花屋、post office 郵便局
⑥ beauty shop 美容院、office 事務所

① 家の近くに公園があります。

---

② あのビルにはレストランがあります。

---

③ テーブルの上にカバンがあります。

---

④ 角にコンビニがあります。

---

⑤ 郵便局の近くに花屋があります。

---

⑥ 事務所の近くに美容院があります。

■[ひとロメモ]
⑤ 辞典は「花屋」を店として述べるときは florist's、「彼は花屋です」と人として述べるときは florist と紹介しているが誤り。どちらも florist を使う。flower shop もよく使われているが florist のほうが使用頻度は高い。
⑥「美容院」は beauty parlor もよく使われているが beauty salon, beauty shop のほうがよく使われている。

36 There are + 複数名詞 … (複数の人が)「います」

ここだけ暗記

① **There are ten people in our section.**
　ゼア　アー　テン　ピープル　イン　アウア　セクション

② **There are three Canadian teachers at that school.**
　ゼア　アー　スリー　カネイディアン　ティーチャーズ　アット　ザット　スクール

③ **There are two surgeons in that hospital.**
　ゼア　アー　トゥー　サージャンズ　イン　ザット　ハスピタル

④ **There are a lot of foreign students in our school.**
　ゼア　アー　ア　ロット　オブ　フォーリン　スチューデンツ　イン　アウア　スクール

⑤ **There are five beauticians in that salon.**
　ゼア　アー　ファイブ　ビューティシャンズ　イン　ザット　サロン

■[語句のヒント]
② Canadian カナダ人の、teacher 先生
③ surgeon 外科医、hospital 病院
④ a lot of 大勢、foreign 外国人の、student 生徒
⑤ beautician 美容師、salon 美容院

① 私たちの部には 10 人います。

---

② あの学校にはカナダ人の先生が 3 人います。

---

③ あの病院には外科医が 2 人います。

---

④ 私たちの学校には外国人の生徒が大勢います。

---

⑤ あの美容院には美容師が 5 人います。

■[ひと口メモ]
① は Our section has ten people. と言っても同じ。②〜⑤ も ① のように have を使って言ってもよく使われている。

37 命令文の作り方
一般動詞を文頭に置く
「…しなさい」

ここだけ暗記

① **Use your head.**
ユーズ ユア ヘッド

② **Exercise every day.**
エクササイズ エブリ デイ

③ **Take this medicine.**
テイク ディス メディスン

④ **Change trains at Nakano.**
チェインジ トレインズ アット ナカノ

⑤ **Get off at the next station.**
ゲット オフ アット ザ ネクスト ステイション

⑥ **Water the garden.**
ウォーター ザ ガーデン

■[語句のヒント]
① use 使う
② exercise 運動する
③ take 飲む、medicine 薬
④ change trains 電車を乗り換える
⑤ get off 降りる、next 次の
⑥ water 水をやる、garden 庭

① 頭を使いなさい。

---

② 毎日運動しなさい。

---

③ この薬を飲みなさい。

---

④ 中野で電車を乗り換えなさい。

---

⑤ 次の駅で降りなさい。

---

⑥ 庭に水をやりなさい。

■[ひとロメモ]
② 辞典は「運動する」に take some exercise [exercising], take bodily exercise を紹介しているが使われていない。do exercises, do some exercises [exercising] はよく使われているが get some [*one's*] exercise work と本文のほうがずっとよく使われている。
③ 「飲む」＝drink と覚えている人が多いであろう。しかし薬には take を使う。

38 命令文の作り方 Please + 一般動詞 ... 「…してください」

ここだけ暗記

① Please forgive me.
   プリーズ　フォーギブ　ミー

② Please answer the phone.
   プリーズ　アンサー　ザ　フォウン

③ Please open the window.
   プリーズ　オウプン　ザ　ウィンドウ

④ Please stop by someday.
   プリーズ　スタップ　バイ　サムデイ

⑤ Please listen to me.
   プリーズ　リスン　トゥ　ミー

⑥ Please wake Bill up.
   プリーズ　ウェイク　ビル　アップ

■[語句のヒント]
① forgive 許す
② answer the phone 電話に出る
③ open 開ける
④ stop by 立ち寄る、someday いつか
⑤ listen to …を聞く
⑥ wake ... up 起こす

① 私を許してください。

② 電話に出てください。

③ 窓を開けてください。

④ いつか立ち寄ってください。

⑤ 私の話を聞いてください。

⑥ ビルを起こしてください。

■[ひと口メモ]
② 辞典は「電話に出る」に take the phone を紹介しているがまったく使われていない。get [answer] the call, grab the phone もよく使われているが pick up the phone, get the phone と本文のほうがずっとよく使われている。
⑤ 「私の話」に my story を使いたい人が多いであろう。しかし使われていない。「私の事情を聞いてください」の意味になってしまう。

39 命令文の作り方 Be + a + 名詞, please. 「…になってください」

ここだけ暗記

① **Be a good listener, please.**
 ビー ア グッド リスナー プリーズ

② **Be a good boy, please.**
 ビー ア グッド ボーイ プリーズ

③ **Be a good citizen, please.**
 ビー ア グッド スィティズン プリーズ

④ **Be a good example to your brothers, please.**
 ビー ア グッド イグザンプル トゥ ユア ブラザーズ プリーズ

⑤ **Be a gentleman, please.**
 ビー ア ジェントルマン プリーズ

⑥ **Be a good role model, please.**
 ビー ア グッド ロウル マデル プリーズ

■[語句のヒント]
① good listener 聞き上手
② good boy いい子
③ citizen 国民
④ good example いいお手本
⑤ gentleman 紳士
⑥ good role model いいお手本

① 聞き上手になってください。

② いい子になってください。

③ いい国民になってください。

④ あなたの兄弟たちのいいお手本になってください。

⑤ 紳士になってください。

⑥ いいお手本になってください。

■[ひと口メモ]
③「国民」に nation や people を使いたい人が多いであろう。しかしこれらは集合的な国民。一人ひとりの意味での「国民」は citizen を使う。
⑥は政治家、牧師、教師のようにきちんとした振る舞いを求められている人に使う。

40 命令文の作り方 Be + 形容詞 「…してください」

ここだけ暗記

① **Be quiet.**
ビー クワイエット

② **Be honest.**
ビー オネスト

③ **Be careful.**
ビー ケアフル

④ **Be nice to them.**
ビー ナイス トゥ ゼム

⑤ **Be patient.**
ビー ペイシャント

⑥ **Be professional.**
ビー プロフェッショナル

■[語句のヒント]
① be quiet 静かにする
② be honest 正直になる
③ be careful 注意する
④ be nice 感じよくする
⑤ be patient 我慢する
⑥ be professional 仕事に徹する

① 静かにしてください。

---

② 正直になってください。

---

③ 注意してください。

---

④ 彼らに感じよくしてください。

---

⑤ 我慢してください。

---

⑥ 仕事に徹してください。

■[ひとロメモ]
③「…に注意してください」と述べるとき、Be careful of … と about が使われている。Be careful of your health.(健康に注意してください)、Be careful about that.(そのことに注意してください)。
⑤ 人が人に対して我慢するときは Be patient with them.(彼らに我慢しなさい)と with を使う。
⑥ 辞典は be professional に「仕事に徹している」の訳を紹介していないが、これは俗語ではなく、今後使われていく表現なのでここで覚えておこう。

41 命令文の作り方
Don't + 一般動詞 …, please.
「…しないでください」

ここだけ暗記

① **Don't smoke here, please.**
ドント　スモウク　ヒア　プリーズ

② **Don't open the door, please.**
ドント　オウプン　ザ　ドア　プリーズ

③ **Don't touch my computer, please.**
ドント　タッチ　マイ　カンピューター　プリーズ

④ **Don't touch my car, please.**
ドント　タッチ　マイ　カー　プリーズ

⑤ **Don't call me after 10 o'clock, please.**
ドント　コール　ミー　アフター　テン　オクロック　プリーズ

⑥ **Don't speak to him now, please.**
ドント　スピーク　トゥ　ヒム　ナウ　プリーズ

■[語句のヒント]
① smoke タバコを吸う、here ここで
② open 開ける
③ touch 触る、computer コンピューター
④ car 車
⑤ call 電話する、after …過ぎに
⑥ speak to …に話しかける

① ここでタバコを吸わないでください。

---

② ドアを開けないでください。

---

③ 私のコンピューターに触らないでください。

---

④ 私の車に触らないでください。

---

⑤ 10時過ぎに私に電話しないでください。

---

⑥ 今、彼に話しかけないでください。

■[ひとロメモ]
⑤ 10 o'clock は ten o'clock や 10:00 と書いても可。
⑥ は Don't talk to him now, please. と言っても同じ。しかし tell は話の内容に言及しないときは使われていない。

42 命令文の作り方 Please don't be + 形容詞 「…にならないでください」

ここだけ暗記

① **Please don't be late.**
　プリーズ　ドント　ビー　レイト

② **Please don't be emotional.**
　プリーズ　ドント　ビー　イモウショナル

③ **Please don't be arrogant.**
　プリーズ　ドント　ビー　エラガント

④ **Please don't be optimistic.**
　プリーズ　ドント　ビー　アプティミスティック

⑤ **Please don't be pessimistic.**
　プリーズ　ドント　ビー　ペサミスティック

⑥ **Please don't be critical.**
　プリーズ　ドント　ビー　クリティカル

■[語句のヒント]
① be late 遅れる
② emotional 感情的な
③ arrogant 横柄な
④ optimistic 楽天的な
⑤ pessimistic 悲観的な
⑥ critical 批判的な

① 遅れないでください。

② 感情的にならないでください。

③ 横柄にならないでください。

④ 楽天的にならないでください。

⑤ 悲観的にならないでください。

⑥ 批判的にならないでください。

■[ひと口メモ]
① は Please be on time. と言っても同じ。

43 現在進行形
3人称単数主語＋is＋動詞の原形＋ing...
「…は…しています[しているところです]」

ここだけ暗記

① **She's cooking.**
   シーズ　クッキング

② **She's taking a shower.**
   シーズ　テイキング　ア　シャウアー

③ **Dad's washing his car.**
   ダッズ　ウォッシング　ヒズ　カー

④ **Bill's fixing his car.**
   ビルズ　フィクスィング　ヒズ　カー

⑤ **He's working for a bank.**
   ヒーズ　ワーキング　フォー　ア　バンク

⑥ **Mom's cleaning the house.**
   マムズ　クリーニング　ザ　ハウス

■[語句のヒント]
① cook 料理する
② take a shower シャワーを浴びる
③ wash 洗う
④ fix 修理する
⑤ work for 勤めている、bank 銀行
⑥ clean 掃除する

① 彼女は料理をしているところです。

----

② 彼女はシャワーを浴びています。

----

③ お父さんは車を洗っています。

----

④ ビルは車を修理しています。

----

⑤ 彼は銀行に勤めています。

----

⑥ お母さんは家を掃除しています。

■[ひと口メモ]
④ 辞典は車[家]などを「修理する」に Ⓐ mend, Ⓑ service, Ⓒ repair, Ⓓ fix を同意語であるかのように紹介しているが ⒶⒷ は使われていない。しかし、Ⓐ は靴下のような小さいもの、または2国家の関係を「修復する」にはよく使われている。Ⓒ は少し改まった響きがあるがよく使われている。Ⓓ は非常によく使われている。

44 比較級の作り方 形容詞 + er + than … ① 「…より…」

ここだけ暗記

① **Today's warmer than yesterday.**
　トゥデイズ　ウォーマー　ザン　イエスタデイ

② **French food's richer than American food.**
　フレンチ　フーズ　リッチャー　ザン　アメリカン　フード

③ **New York's colder than Tokyo.**
　ニュー　ヨークス　コウルダー　ザン　トウキオウ

④ **Lake Michigan's larger than Lake Huron.**
　レイク　ミシガンズ　ラージャー　ザン　レイク　ヒューラン

⑤ **San Francisco's smaller than Chicago.**
　サン　フランスィスコウズ　スモーラー　ザン　シカゴウ

⑥ **Your watch's faster than mine.**
　ユア　ウォッチーズ　ファスター　ザン　マイン

■[語句のヒント]
① warm 暖かい
② rich こってりした
③ cold 寒い
④ large 大きい、Lake Huron ヒューロン湖（北米五大湖の1つ）
⑤ small 小さい
⑥ be fast 進んでいる

① 今日は昨日より暖かいです。

② フランス料理はアメリカ料理よりこってりしています。

③ ニューヨークは東京より寒いです。

④ ミシガン湖はヒューロン湖より大きいです。

⑤ サンフランシスコはシカゴより小さいです。

⑥ あなたの時計は私のより進んでいます。

■[ひと口メモ]
② アメリカ人が rich food（こってりした料理）と言うときはクリーム、バターなどがたくさん入っている料理である。日本人は中国料理を「こってりしている」と言うが、アメリカ人にとって rich food でないこともついでにインプットしておこう。

45 比較級の作り方 形容詞 + er + than ... ② 「…より…」

暗記 ここだけ

① **This is bigger than that.**
　　ディス イズ ビッガー ザン ザット

② **This is easier than that.**
　　ディス イズ イーズィアー ザン ザット

③ **This is heavier than that.**
　　ディス イズ ヘビアー ザン ザット

④ **August's hotter than July.**
　　オーガスツ ハッター ザン ジュライ

⑤ **They're happier than we are.**
　　ゼイアー ハピアー ザン ウイ アー

⑥ **London's foggier than San Francisco.**
　　ロンドンズ フォッギアー ザン サン フランスィスコウ

■[語句のヒント]
① big 大きい
② easy やさしい
③ heavy 重い
④ hot 暑い
⑤ happy 幸せ
⑥ foggy 霧が深い

① これはあれより大きいです。

② これはあれよりやさしいです。

③ これはあれより重いです。

④ 8月は7月より暑いです。

⑤ 彼らは私たちより幸せです。

⑥ ロンドンはサンフランシスコより霧が深いです。

■[ひと口メモ]
①「計った」サイズを述べるときは large を使う。Give me a large coke.（私に大きい[ラージサイズの]コーラをください）。「計った」サイズでないときは big のほうが large よりよく使われている。

46 最上級の作り方
the + 形容詞 + est
「いちばん…」

ここだけ暗記

① He's the oldest of all of us.
　ヒーズ　ジ　オウルデスト　オブ　オール　オブ　アス

② She's the youngest of all of us.
　シーズ　ザ　ヤンゲスト　オブ　オール　オブ　アス

③ This building's the tallest in this city.
　ディス　ビルディングズ　ザ　トーレスト　イン　ディス　スィティ

④ New York's the largest city in America.
　ニュー　ヨークス　ザ　ラージェスト　スィティ　イン　アメリカ

⑤ Mt. Everest's the highest in the world.
　マウント　エベレスツ　ザ　ハイエスト　イン　ザ　ワールド

⑥ He's the sharpest of all of us.
　ヒーズ　ザ　シャーペスト　オブ　オール　オブ　アス

■[語句のヒント]
① old 年上の、of all of us 私たちみんなの中で
② young 若い
③ tall 高い、city 市
④ large 大きい
⑤ Mt. Everest エベレスト山、high 高い
⑥ sharp 頭がきれる

① 彼は私たちみんなの中でいちばん年上です。

---

② 彼女は私たちみんなの中でいちばん若いです。

---

③ このビルはこの市でいちばん高いんです。

---

④ ニューヨークはアメリカでいちばん大きい都市です。

---

⑤ エベレスト山は世界でいちばん高いんです。

---

⑥ 彼は私たちみんなの中でいちばん頭がきれるんです。

■[ひと口メモ]
①②⑥ of =「の」と覚えている人が多いであろう。しかし of + 複数語のときの of は「…の中で」という意味。また「みんな」= everybody と覚えている人が多いであろう。しかし of everybody ではなく of all であることに注意。
③④⑤ 世界、都市、市、州のような広がりのある名詞の前には in を付ける。

47 代名詞としての These
These're …
「これらは…です」

ここだけ暗記

① **These're your books.**
　ディーズアー　ユア　ブックス

② **These're interesting books.**
　ディーズアー　インタレスティング　ブックス

③ **These're cheap.**
　ディーズアー　チープ

④ **These're expensive.**
　ディーズアー　イクスペンスィブ

⑤ **These're her dresses.**
　ディーズアー　ハー　ドレスィーズ

⑥ **These're good plans.**
　ディーズアー　グッド　プランズ

■[語句のヒント]
① book 本
② interesting 面白い
③ be cheap 安いです
④ be expensive 高いです
⑤ dress ドレス
⑥ good いい、plan 計画

① これらはあなたの本です。

---

② これらは面白い本です。

---

③ これらは安いです。

---

④ これらは高いです。

---

⑤ これらは彼女のドレスです。

---

⑥ これらはいい計画です。

■[ひと口メモ]
③「安いです」は「お買い得です」というニュアンスで述べるのであれば、These're good buys. や These're good deals. や These're good bargains. も非常によく使われている。

48 代名詞としての Those
Those're …
「あれらは…です」

ここだけ暗記

① **Those're Swiss watches.**
　ゾウズアー　スイス　ウォッチーズ

② **Those're Italian cars.**
　ゾウズアー　イタリアン　カーズ

③ **Those're used cars.**
　ゾウズアー　ユーズド　カーズ

④ **Those're new computers.**
　ゾウズアー　ニュー　カンピューターズ

⑤ **Those're Italian fabrics.**
　ゾウズアー　イタリアン　ファブリックス

⑥ **Those're for sale.**
　ゾウズアー　フォー　セイル

■[語句のヒント]
① Swiss スイスの、watch 時計
② Italian イタリアの
③ used car 中古車
④ computer コンピューター
⑤ fabric 生地
⑥ for sale 売り物

① あれらはスイスの時計です。

---

② あれらはイタリアの車です。

---

③ あれらは中古車です。

---

④ あれらは新しいコンピューターです。

---

⑤ あれらはイタリアの生地です。

---

⑥ あれらは売り物です。

■[ひとロメモ]
③「中古車」は secondhand car も等しくよく使われている。

49 形容詞としての These
These + 複数名詞 …「これらの」

暗記

① **These books're interesting.**
   ディーズ　ブックスアー　インタレスティング

② **These apples're really good.**
   ディーズ　アプルズアー　リアリー　グッド

③ **These cars're secondhand.**
   ディーズ　カーズアー　セカンドハンド

④ **These rings're Mom's.**
   ディーズ　リングズアー　マムズ

⑤ **These suits're Dad's.**
   ディーズ　スーツアー　ダッズ

⑥ **These ties're flashy.**
   ディーズ　タイズアー　フラッシー

■[語句のヒント]
① interesting 面白い
② really とても、good おいしい
③ secondhand 中古の
④ ring 指輪、Mom お母さん
⑤ Dad お父さん
⑥ tie ネクタイ、flashy 派手

① これらの本は面白いです。

---

② これらのリンゴはとてもおいしいです。

---

③ これらの車は中古です。

---

④ これらの指輪はお母さんのです。

---

⑤ これらのスーツはお父さんのです。

---

⑥ これらのネクタイは派手です。

■[ひとロメモ]
①～⑥ まで These が複数の意味なので、従える名詞は複数形になることに注意。
② really は very と言っても同じ。
③ secondhand（中古の）は used とも言える。

50 形容詞としての Those
Those + 複数名詞 …「あれらの」

① **Those dresses're Mom's.**
　ゾウズ　　ドレスィーズアー　　マムズ

② **Those cameras're hot sellers.**
　ゾウズ　　キャメラズアー　　ハット　セラーズ

③ **Those shirts're washable.**
　ゾウズ　　シャーツアー　　ウォッシャブル

④ **Those stocks're risky.**
　ゾウズ　　ストックスアー　　リスキー

⑤ **Those cars're used.**
　ゾウズ　カーズアー　ユーズド

⑥ **Those suits're too expensive.**
　ゾウズ　　スーツアー　　トゥー　イクスペンスィブ

■[語句のヒント]
① Mom お母さん
② be a hot seller すごく売れている
③ washable 水洗いできる
④ stock 株、risky 危険
⑤ used 中古の
⑥ too expensive 高すぎる

① あれらのドレスはお母さんのものです。

------

② あれらのカメラはすごく売れています。

------

③ あれらのシャツは水洗いできます。

------

④ あれらの株は危険です。

------

⑤ あれらの車は中古です。

------

⑥ あれらのスーツは高すぎます。

■[ひと口メモ]
②は be 動詞は複数名詞 sellers を従えていて、語尾に「s」が必要。この「s」を落とす人が多いので注意。③④⑤⑥は形容詞を従えているので「s」は不要。

文法解説編

■ have と has の使い分け

has は主語が 3 人称単数のときに使う。have は主語が 1 人称単数、1 人称複数、2 人称単数、2 人称複数、3 人称複数のときに使う。

覚え方: has は主語が 3 人称単数のときに使う
　　　　　have は主語が 3 人称単数以外のときに使う

- Ⓐ She has a restaurant.
  （彼女はレストランを持っています）
- Ⓑ He has a restaurant.
  （彼はレストランを持っています）
- Ⓒ Linda has a restaurant.
  （リンダはレストランを持っています）
- Ⓓ My father has a restaurant.
  （父はレストランを持っています）
- Ⓔ Linda and Nancy have a restaurant.
  （リンダとナンシーはレストランを持っています）

［**注意**］リンダとナンシーは姉妹、または共同経営者と考えよう。

- Ⓕ They have a restaurant.
  （彼女たち［彼ら］はレストランを持っています）
- Ⓖ I have a restaurant.
  （私はレストランを持っています）
- Ⓗ We have a restaurant.
  （私たちはレストランを持っています）

■ 現在の be 動詞の使い分け

下記の表で使い分けを頭にインプットしよう。

主　語	am	is	are
I　私は[が]、僕は[が]	○		
You　あなたは[が]			○
You　あなたたちは[が]、あなた方は[が]			○
She　彼女は[が]		○	
He　彼は[が]		○	
We　私たちは[が]			○
They　彼女たちは[が]、彼らは[が]			○
They　それらは[が]			○
It　それは[が]		○	
Our boss　私たちの上司は[が]		○	
Your assistant　あなたの部下は[が]		○	
Their boss　彼女たちの上司は[が]		○	
Hawaii　ハワイは[が]		○	
Your office　あなたの事務所は[が]		○	
Her assistants　彼女の部下たちは[が]			○
Lisa and Mary　リサとメアリーは[が]			○
San Francisco and Los Angeles　サンフランシスコとロサンゼルスは[が]			○

［ここがポイント］

Your father（あなたのお父さん）、your child（あなたの子供）は your につられて 2 人称単数と誤解している人が大勢いるので注意されたい。以下に 3 人称の例を列挙するので、よく熟読されたい。

Ⓐ your friend（あなたの友人）
Ⓑ your uncles（あなたのおじさんたち）

Ⓒ my co-workers（私の同僚たち）
Ⓓ French（フランス語）
Ⓔ Japan and China（日本と中国）

Ⓐは3人称単数、代名詞は she か he である。
ⒷⒸは3人称複数、代名詞は they である。
Ⓓは無生物で3人称単数、代名詞は it である。
Ⓔは無生物の複数であるから3人称複数、代名詞は they である。

they＝「彼らは[が]」だけだと思っている人が多いが、they は she, he, it の複数形。したがって they は場面により、①「彼女たちは[が]」②「彼らは[が]」③「それらは[が]」の意味で使われていることを頭にしっかりインプットしておこう。

■ 疑問文の作り方

筆者の長年の指導経験では疑問文の作り方を理解していない人が多い。次の要領で覚えよう。

[1] 一般動詞を従えるときは Does . . . ? か Do . . . ? の型を使う

Does: 主語が3人称単数のときに使う
Do: 主語が3人称単数以外のときに使う

Ⓐ Does she [he] play golf? 〈3人称単数〉
（彼女[彼]はゴルフをするのですか）
Ⓑ Does Linda play golf? 〈3人称単数〉
（リンダはゴルフをするのですか）
Ⓒ Does your mother play golf? 〈3人称単数〉
（あなたのお母さんはゴルフをするのですか）

[注意] your は2人称、これにつられて Do を使わないようにしよう。

Ⓓ Do you play tennis? 〈2人称単[複]数〉
（あなた[あなたたち]はテニスをするのですか）

[注意] you は単複が同じなので文脈により意味が異なる。

 Ⓔ Do Linda and Cindy play tennis?〈3人称複数〉
  （リンダとシンディーはテニスをするのですか）

[注意] リンダだけなら 3 人称単数、しかし主語は Linda and Cindy なので 3 人称複数。

 Ⓕ Do they play tennis?〈3人称複数〉
  （彼女たち［彼ら］はテニスをするのですか）

2 **名詞か形容詞を従えるときは文頭に be 動詞を使う**

 am: 主語が 1 人称単数のときに使う
 is: 主語が 3 人称単数のときに使う
 are: 主語が上記以外のときに使う

(1) 形容詞を従えるとき

 Ⓐ Am I selfish?〈1人称単数〉
  （私は利己的ですか）
 Ⓑ Is she[he] selfish?〈3人称単数〉
  （彼女［彼］は利己的ですか）
 Ⓒ Is your wife selfish?〈3人称単数〉
  （あなたの奥さんは利己的ですか）
 Ⓓ Are Linda and Cindy selfish?〈3人称複数〉
  （リンダとシンディーは利己的ですか）
 Ⓔ Are you selfish?〈2人称単［複］数〉
  （あなた［あなたたち］は利己的ですか）
 Ⓕ Are they selfish?〈3人称複数〉
  （彼ら［彼女たち］は利己的ですか）

(2) 名詞を従えるとき

 Ⓐ Is Linda a good employee?〈3人称単数〉
  （リンダはいい社員ですか）

［注意］単数名詞を従えるときは和訳できない「a」が必要。

- Ⓑ Is she [he] a good employee?〈3人称単数〉
  （彼女[彼]はいい社員ですか）
- Ⓒ Is his son a good employee?〈3人称単数〉
  （彼の息子さんはいい社員ですか）
- Ⓓ Am I a good employee?〈1人称単数〉
  （私はいい社員ですか）
- Ⓔ Are we good employees?〈1人称複数〉
  （私たちはいい社員ですか）

［注意］主語が複数のとき、和訳できないが複数名詞を従える。

- Ⓕ Are Linda and Cindy good employees?〈3人称複数〉
  （リンダとシンディーはいい社員ですか）
- Ⓖ Are they good employees?〈3人称複数〉
  （彼女たち[彼ら]はいい社員ですか）

■ 否定文の作り方

1 一般動詞を従えるときは doesn't か don't を使う

doesn't：主語が3人称単数のときに使う
don't：主語が3人称単数以外のときに使う

- Ⓐ She doesn't trust us.
  （彼女は私たちを信用していません）
- Ⓑ Barbara doesn't speak Japanese.
  （バーバラは日本語を話しません）
- Ⓒ I don't eat dinner.
  （私は夕食を食べません）
- Ⓓ We don't go to church.
  （私たちは教会に行きません）
- Ⓔ Tom and Steve don't like me.

(トムとスティーブは私が嫌いなんです)
Ⓕ They don't study hard.
(彼女たち[彼ら]は一生懸命勉強しません)

2 名詞か形容詞を従えるときは be 動詞を否定形にする

am not: 1人称単数のときに使う
is not: 3人称単数のときに使う
are not: 上記以外の主語のときに使う

(1) 名詞を従えるとき

Ⓐ I'm not a good father.
(私はいい父親ではないんです)
Ⓑ She isn't a good mother.
(彼女はいい母親ではないんです)
Ⓒ My son isn't a good student.
(息子は成績のいい学生ではないんです)
Ⓓ We aren't good employees.
(私たちはいい社員ではありません)
Ⓔ They aren't dentists.
(彼女たち[彼ら]は歯科医ではありません)

(2) 形容詞を従えるとき

Ⓐ I'm not rich.
(私は金持ちではありません)
Ⓑ He isn't attractive to me.
(彼は私には魅力がありません)
Ⓒ This isn't important.
(これは重要ではありません)
Ⓓ You aren't big.
(あなたは太っていません)
Ⓔ They aren't poor.

（彼女たち［彼ら］は貧乏ではありません）

■ 所有代名詞と所有名詞

これは「だれだれのもの」です、と述べるとき筆者の指導経験では、所有代名詞は知っていても所有名詞になるとはっきりしていない人が多い。ここでしっかり整理してしまおう。

所有代名詞

mine（私のもの）、yours（あなたのもの、あなた方のもの）、his（彼のもの）、hers（彼女のもの）、ours（私たちのもの）、theirs（彼女たち［彼ら］のもの）

所有名詞

Tom's（トムのもの）、Jane's（ジェーンのもの）、our son's（うちの息子のもの）、my mother's（私の母のもの）、my father's（私の父のもの）、our boss's（うちの上司のもの）、our company's（うちの会社のもの）

■ 一般動詞に慣れよう

ここで会話に出てくる動詞を少し増やそう。

I get up at six o'clock every morning.
（私は毎朝6時に起きます）
We eat breakfast around seven o'clock.
（私たちは7時ごろ朝食を食べます）
She drives to the office every day.
（彼女は毎日車で会社へ行きます）
He leaves the office at six o'clock.
（彼は6時に退社します）

My husband comes home around eight o'clock.
（夫は8時ごろ帰宅します）

believe（信じる）、buy（買う）、call（電話する）、close（閉める）、exercise（運動する）、finish（終わる［終える］）、hear（聞こえる）、listen（聴く）、run（走る）、see（見える、会う、見る）、sell（売る）、speak（話す）、start（始まる［始める］）、take a cab（タクシーで行く）、use（使う）、wait（待つ）、walk（歩いて行く）

■ 動詞の語尾に「s」または「es」が付くとき

　筆者は長年英語を教えてきた。その経験によれば「3単現」という言葉は知っているが、それが何であるかはっきり知らない人が多いので、ここでしっかり覚えてしまおう。
　「3」とは主語が3人称、「単」とは単数、「現」とは動詞が現在ということである。主語が「3単現」のときは動詞の語尾に「s」または「es」を付ける、ということである。

$$\boxed{\text{「es」と「s」の付け方}}$$

◎es を付けるとき

(1) **動詞の語尾の発音が「s」「tʃ」「ʃ」で終わる語。**

　「misses」「mixes」「watches」「washes」

(2) **動詞の語尾のスペリングが「o」で終わるとき。**

　go → goes

[注意] go に付いた es は他の動詞と違って「is」と発音されず「góuz」と発音する。

（3）語尾が子音 + y のときは y を i にして「**es**」を付ける。

try「試みる」→ tries

◎ s を付けるとき

（4）上記以外のときは動詞の語尾に「s」を付ける。

open → opens

■ 代動詞としての does, do

動詞の繰り返しを避けるために does と do を使う。

使い分け

does は主語が 3 人称単数のときに使う
do は主語が 3 人称単数以外のときに使う

① 応答で使われるとき

Ⓐ Bill: Does Mary speak Chinese?
（ビル：メアリーは中国語を話すのですか）
Linda: Yes, she does.
（リンダ：はい、話します）

Ⓑ Bill: Does Steve trust us?
（ビル：スティーブは私たちを信用しているのですか）
Linda: Yes, he does.
（リンダ：はい、信用しています）

Ⓒ Bill: Does Japan have many colleges?
（ビル：日本にはたくさん大学があるのですか）
Linda: Yes, it does.
（リンダ：はい、あります）

2 比較級の文尾で使われるとき

Ⓐ He studies harder than I do.
（彼は私より一生懸命勉強するんです）
Ⓑ She drives slower than we do.
（彼女は私たちよりゆっくりと車を運転するんです）
Ⓒ She works longer than he does.
（彼女は彼より長く働いています）

■ 代名詞と形容詞の働きをする this と that

代名詞としての this

意味:「これは」

This is a Japanese-English dictionary.
（これは和英辞書です）
This is my dictionary.
（これは私の辞書です）

[注意] 所有格（my）があるときは「a」が不要になる。

代名詞としての that

意味:「あれは」

That's a college.
（あれは大学です）

[注意] That is ... は That's ... と省略して発音する。

That's our college.
（あれは私たちの大学です）

[注意] 所有格 (our) があるときは「a」が不要になる。

> 形容詞としての this

意味:「この」

This banana's good.
(このバナナはおいしいです)

> 形容詞としての that

意味:「あの」

That car's mine.
(あの車は私のものです)

■ **the と a, an の使い方の㊙**

筆者は約30年英会話の教育に携わってきた。この経験によるとtheとaの使い方をマスターできていない人が大勢いる。原因は適切な解説をした文法書がないことにある。両者は次のように使い分けられている。

> the を使うとき

(A) この世に1つしかないものに付ける。
the sun (太陽)、the moon (月)、the earth (地球)、the sea (海)、the sky (空)

(B) この世にはたくさんあるけれど、その場面で1つしかないものに付ける。
Ⓐ Please, close the window.
　(窓を閉めてください)
Ⓑ Let's go to the restaurant on the corner.

（角のレストランへ行こう）

Ⓐの window、Ⓑの restaurant はこの世にはたくさんある。しかし、この話の場面では1つである。したがって the を付ける。（A）と（B）の the は日本語に訳出できないので英語を話すとき落とす、つまり使えない人が多い。また多くの英文法書で the を「その」と訳しているのを見るが誤りである。

a, an を使うとき

a, an は話の場面で2人、2つ、2軒、2台、2箱、2個、2本以上あるときに付ける。この a, an は「1人」「1つ」「1軒」の意味があるが、普通日本語に訳せないことに注意。one との違いは「a と an, one の使い分け」の項を参照されたい。

a は「子音」の前で、an は「母音」の前で使う。ここで注意しなければならないことは、スペリングではなく発音が子音か母音かで a と an を使い分ける必要がある、ということである。

（A）〈a＋子音〉
I have a Spanish friend.
（私にはスペインの友人がいます）

（B）〈an＋母音〉
I have an Italian friend.
（私にはイタリアの友人がいます）

上の（A）（B）の和訳に見られるように、a は日本語では訳出できない。このため多くの人がこの a と an を、英語を話すときに脱落させてしまうのである。

the と a, an のマスターの㊙

the と a, an をきちんと使い分けられない人が多いのは、前述したように英文法書に適切な解説がないからである。筆者にとっても難しかった時

期がある。これを克服できたのはアメリカにいたときであった。それもある日突然、到達できた。つまり開眼したのである。これは誇張ではない。今出版されている英文法書にいまだに筆者がここに書いた解説、つまり、the は話している場面で1人、1つしかないときに使い、a, an は2人、2つ、2台、2冊以上のときに使う、というこの「2」という解説がない。もう一度繰り返そう。the は「1」のとき、a, an は「2以上」のときに使う。これで自信を持って両者を使い分けられるはずである。

■ There's ... と There are ...

使い方:（A）There is + 単数名詞 ...
　　　　（B）There are + 複数名詞 ...
意味:（A）（B）とも「います」「あります」
表記の仕方: There is ... は There's ... と発音するので短縮して書く。
　　　　　　There are ... は There're ... と発音するが短縮しないで書く。

■ 命令文の作り方

公式: 動詞の原形を文頭に置く

本書では次の6種類の命令文を学習する。

> 一般動詞を文頭に置く

Catch that bus.
（あのバスに乗りなさい）
Use my cellphone, please.
（私の携帯を使ってください）

Please + 一般動詞

Please lend me $50.
（私に 50 ドル貸してください）

上の文は Lend me $50, please. と言っても基本的には同じだが丁重さは少し下がる。

Be + a + 名詞

Be a good employee, please.
（いい社員になってください）

Be を文頭に使うときは一般動詞がなく、名詞か形容詞を従えるときだけである。

Be + 形容詞

Be modest, please.
（謙虚になりなさい）
Be aggressive, please.
（積極的になってください）

Please don't + 一般動詞

Please don't eat too much.
（食べすぎないでください）

Please don't + be + 形容詞

Please don't be emotional.
（感情的にならないでください）

■ 現在進行形

公式: be 動詞 + 動詞の原形 + ing
訳:「…しています」「…しているところです」

〈現在形〉I eat two fried eggs and two slices of bread every morning.
　　　　（私は毎朝目玉焼き2つとパンを2枚食べます）
〈現在進行形〉(*On the phone*) I'm eating breakfast now.
　　　　（電話で）（私はいま朝食を食べています）

〈現在形〉My son studies every evening.
　　　　（息子は毎晩勉強しています）
〈現在進行形〉My son's studying math now.
　　　　（息子はいま数学を勉強しています）

〈現在形〉He teaches Spanish every day.
　　　　（彼は毎日スペイン語を教えています）
〈現在進行形〉He's teaching Spanish now.
　　　　（彼はいまスペイン語を教えています）

〈現在形〉They watch TV in the evening.
　　　　（彼らは夜テレビを見ます）
〈現在進行形〉They're watching TV now.
　　　　（彼らはいまテレビを見ています）

■ 形容詞の比較級・最上級の作り方

　比較級とは2人、2つ、2個、2本、2軒、または3人、3つ、3個、3本、3軒以上のもの、人などを形容詞の上で比較するときに使う。最上級とは3つ、3個、3本、3軒以上の人、もの、事柄を「いちばん…である」と述べるときに使う。本書ではその性質上、1音節の比較級、最上級のみ学習する。詳細は本シリーズ「初級編II」（Step ④）を参照されたい。

> 比較級の作り方

語尾に er を付ける

This is cheaper than that.
(これはあれより安いんです)
Jane's nicer to us than Linda.
(ジェーンはリンダより私たちに感じがいいんです)
They're richer than us.
(彼女たちは私たちより金持ちなんです)
Your rent's higher than ours.
(あなたの家賃は私たちのより高いんです)
Jim's brighter than Bob.
(ジムはボブより頭がいいんです)

◎2つの例外

(1) **短母音＋子音で終わるものにはその最後の子音を重ねて er, est を付ける。**

　big (大きい), bigger, biggest
　hot (暑い), hotter, hottest

(2) **子音＋y で終わるものには y を i に変え、er, est を付ける。**

　easy (やさしい), easier, easiest
　pretty (きれいな), prettier, prettiest

> 最上級の作り方

語尾に est を付け、前に the を付ける

This is the cheapest of all.
(これはみんなの中でいちばん安いんです)

They're the richest of all of us.
(彼らは私たちみんなの中でいちばん金持ちなんです)
Your rent's the highest of all of ours.
(あなたの家賃は私たちみんなの中でいちばん高いんです)
Jane's the nicest of all of them.
(ジェーンは彼女たちみんなの中でいちばん感じがいいんです)
He's the brightest of all of us.
(彼は私たちみんなの中でいちばん頭がいいんです)

■ 見落とされている they の 2 つの意味

　筆者の長年の指導経験では they =「彼ら」と覚えている人が多い。しかし they には「彼女たち」「それら」の意味がある。つまり they は he の複数形だけではなく、she, it の複数形であることをここでしっかりインプットしてしまおう。

We have three daughters. They're college students.
(私たちには娘が 3 人います。彼女たちは大学生です)
My father has twenty restaurants. They're all in Tokyo.
(父はレストランを 20 軒持っています。それらは全部東京にあります)

■ 代名詞と形容詞の働きをする these . . . と those . . .

代名詞としての these の意味

「これらは」

These are ours.
(これらは私たちのものです)

these は this の複数形である。

代名詞としての those の意味

「あれらは」

Those are theirs.
（あれらは彼らのものです）

those は that の複数形である。

形容詞としての these の意味

「これらの」

These books are hers.
（これらの本は彼女のものです）

形容詞としての those の意味

「あれらの」

Those books are his.
（あれらの本は彼のものです）

■ 基数詞の数え方

筆者の長年の指導経験では 11 以上になると言えない人が多い。つづりとなると正しく書けない人がほとんどである。ここで「1 億」まで練習してしまおう。

注意すべき 9 点

① 21（twenty-one）〜99（ninety-nine）までの数字はハイフン(-)でつなぐ。

② four (4), fourteen (14) であるが、40 のつづりは fourty でなく forty であることをインプットされたい。

③ 100 は a hundred で特に強調する必要があるときは one hundred と「a」でなく「one」を使う。

④ 200 以上でも two hundreds と複数形でなく、two hundred と単数形を使う。

⑤ 1,000、1,000,000 は 100 と同様普通 a thousand, a million である。1,000、1,000,000 という数字を特に強調する必要があるときは one thousand, one million と言う。

⑥ 1,000 以上は eleven hundred (1,100), twelve hundred (1,200), thirteen hundred (1,300), twenty-five hundred (2,500) のように言っても同じ。

⑦ ten thousand (1万) 以上 [100万未満] は千の何倍かで表現する。したがって fifty thousand (5万), a hundred thousand (10万), three hundred thousand (30万), five hundred thousand (50万) のように表現する。「1億」は、100万の100倍で a hundred million.

⑧ 101 以上は a hundred and one と and を付けても付けなくともに使われている。

⑨ 「何百の」は hundreds of, thousands of (何千の), tens of thousands of (何万の), hundreds of thousands of (何十万の), millions of (何百万の) のように複数形で言う。

■ 序数詞の作り方

four (4) 以降はすべて語尾に th を付ける。

◎例外

(1) one   → first   (1番目)
    two   → second   (2番目)
    three   → third   (3番目)
    fifty-one → fifty-first (51番目)

fifty-two → fifty-second（52番目）
fifty-three → fifty-third　（53番目）

(2) 語尾が ve で終わる語は ve を f にして th を付ける。

five → fifth（5番目），twelve → twelfth（12番目）

(3) 語尾の e は消して th を付ける。

nine → ninth（9番目）

(4) 語尾の ty は tie にして th を付ける。

twenty → twentieth（20番目）
thirty　→ thirtieth　（30番目）
forty　　→ fortieth　　（40番目）

必ずものになる　話すための英文法　超入門編（上巻）

2006 年 9 月 8 日　初版発行
2019 年 5 月 24 日　6 刷発行

著者
いちはしけいぞう
市橋敬三
©Keizo Ichihashi, 2006

KENKYUSHA
〈検印省略〉

発行者
吉田尚志

発行所
株式会社　研 究 社

〒102–8152　東京都千代田区富士見 2–11–3
電話　営業（03）3288–7777（代）　　編集（03）3288–7711（代）
振替　00150–9–26710
http://www.kenkyusha.co.jp

印刷所
研究社印刷株式会社

装丁
吉崎克美

本文デザイン
古正佳緒里

ISBN 978–4–327–45201–8　C1082　Printed in Japan